# LETTRES

DE

# M. LÉON CHÉDEVILLE

SCULPTEUR — GRAND PRIX DE L'UNION CENTRALE EN 1869

A

# M. E. GUICHARD

ANCIEN PRÉSIDENT DE L'UNION CENTRALE DES BEAUX-ARTS APPLIQUÉS A L'INDUSTRIE

PARIS. — TYP. A. POUGIN, 13, QUAI VOLTAIRE. — 2882.

# LETTRES

DE

# M. LÉON CHÉDEVILLE

Sculpteur — Grand prix de l'Union centrale en 1869

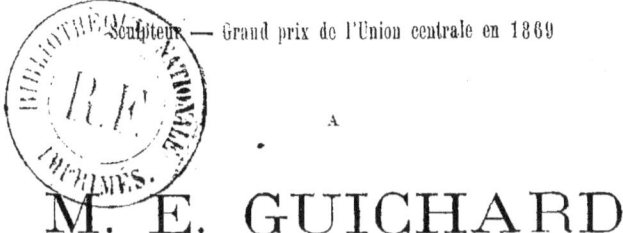

A

# M. E. GUICHARD

ANCIEN PRÉSIDENT DE L'UNION CENTRALE DES BEAUX-ARTS APPLIQUÉS A L'INDUSTRIE

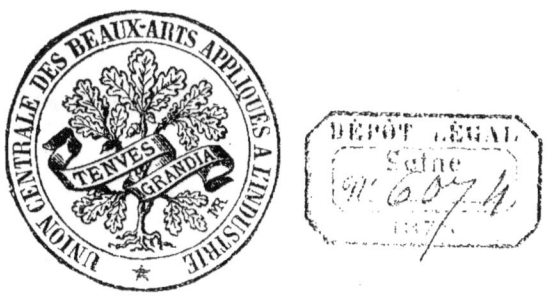

## PARIS

BUREAUX, ADMINISTRATION ET RÉDACTION

3, PLACE DES VOSGES, 3

—

1875

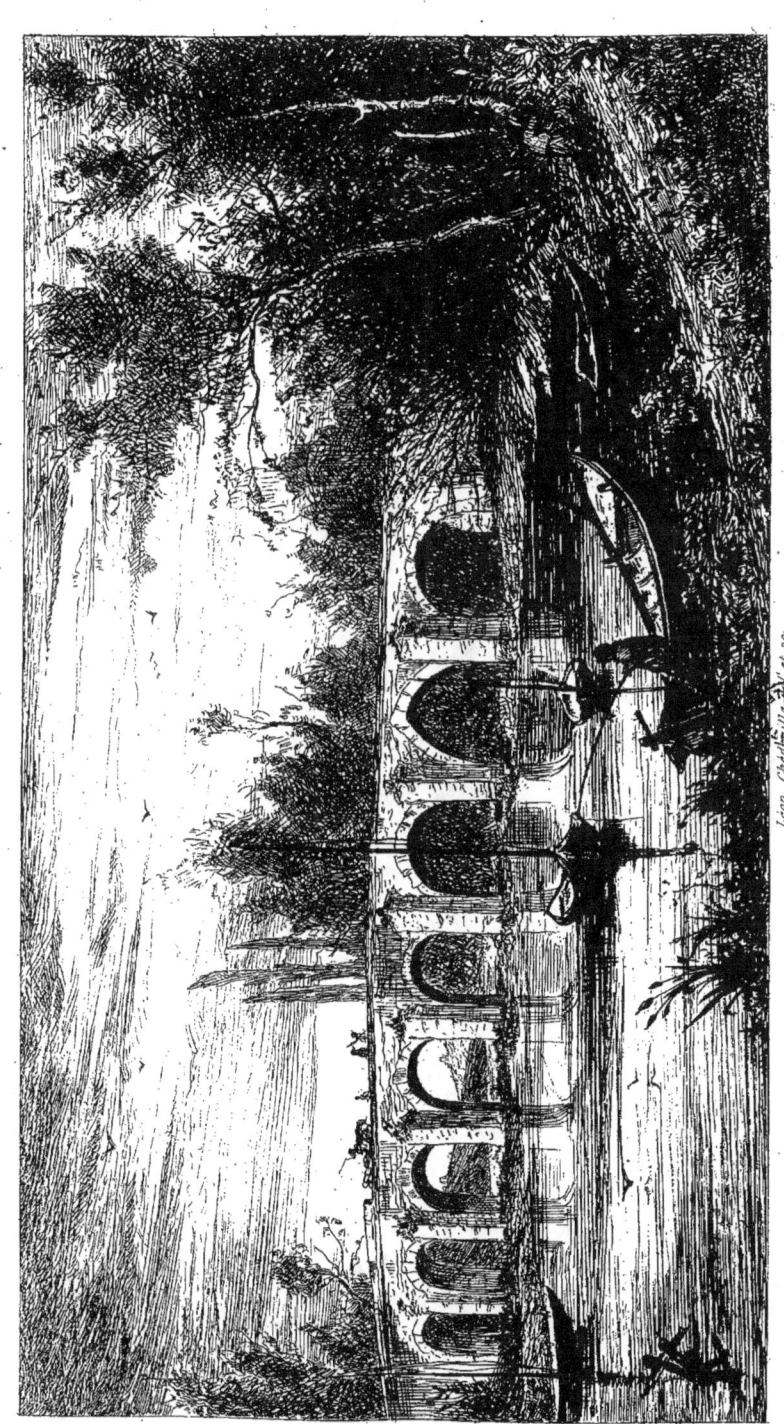

LE VIEUX PONT DE MANTES.

(Seine-et-Oise.)

Léon Chapon

# LETTRES

DE

# M. LÉON CHÉDEVILLE

Grand Prix de l'Union centrale en 1869

A

## M. E. GUICHARD

*Ancien président de l'Union centrale des Beaux-Arts appliqués à l'Industrie.*

1

Les Andelys, le 9 septembre 1874.

MONSIEUR,

Peu de jours après vous avoir été présenté par M. Sauvageot au Palais de l'Industrie, je me mettais en route pour effectuer le voyage que le prix obtenu aux concours de 1869 me met dans la douce obligation de faire. Ce voyage, j'avais depuis longtemps le plus vif désir de le mettre à exécution.

Encore ému de l'aimable accueil que vous m'avez fait, et stimulé par le désir de voir et d'observer en toute liberté, j'ai quitté Paris avec l'intention de vous adresser, au fur et à mesure que j'avancerais, mes notes de voyage, et au retour de vous montrer, ainsi qu'à vos collègues de l'*Union*, un certain nombre de dessins recueillis, soit dans des édifices religieux et civils, soit dans des musées ou collections d'objets d'art.

De toutes nos vieilles provinces françaises, riches en monuments de toute sorte et de toute époque, j'ai choisi de préférence la Normandie, parce que je savais combien ceux-ci y sont remarquables, nombreux et variés. Et puis, pour tout dire, la ville de Rouen m'attirait singulièrement : tout ce que j'avais lu sur cette capitale de l'ancienne Normandie ne pouvait qu'attiser le désir de la voir, empreinte encore, malgré de nombreuses démolitions et reconstructions, de ce caractère si essentiellement pittoresque, qu'il est devenu pour ainsi dire proverbial et légendaire chez les artistes.

La première ville où j'ai cru devoir m'arrêter est celle de Mantes, surnommée la Jolie. Je savais de bonne source ne pas faire là une halte inutile, mais je ne pensais guère, à vrai dire, rencontrer une ville si gaie, si intéressante, au milieu d'un paysage si imposant; aussi, jamais la gracieuse dénomination de : jolie, ne m'a-t-elle paru mieux méritée et mieux appliquée, surtout lorsqu'il arrive de

1

contempler la cité chère à Henri IV des bords ombragés de la Seine, et qu'on a en face de soi la silhouette hardie et pleine de caractère de la cathédrale.

Une des premières choses qui aient attiré mon attention en arrivant, est une gracieuse fontaine en pierre qui se voit place de l'Hôtel-de-Ville, au centre d'un marché animé et bruyant. Cette fontaine appartient aux belles

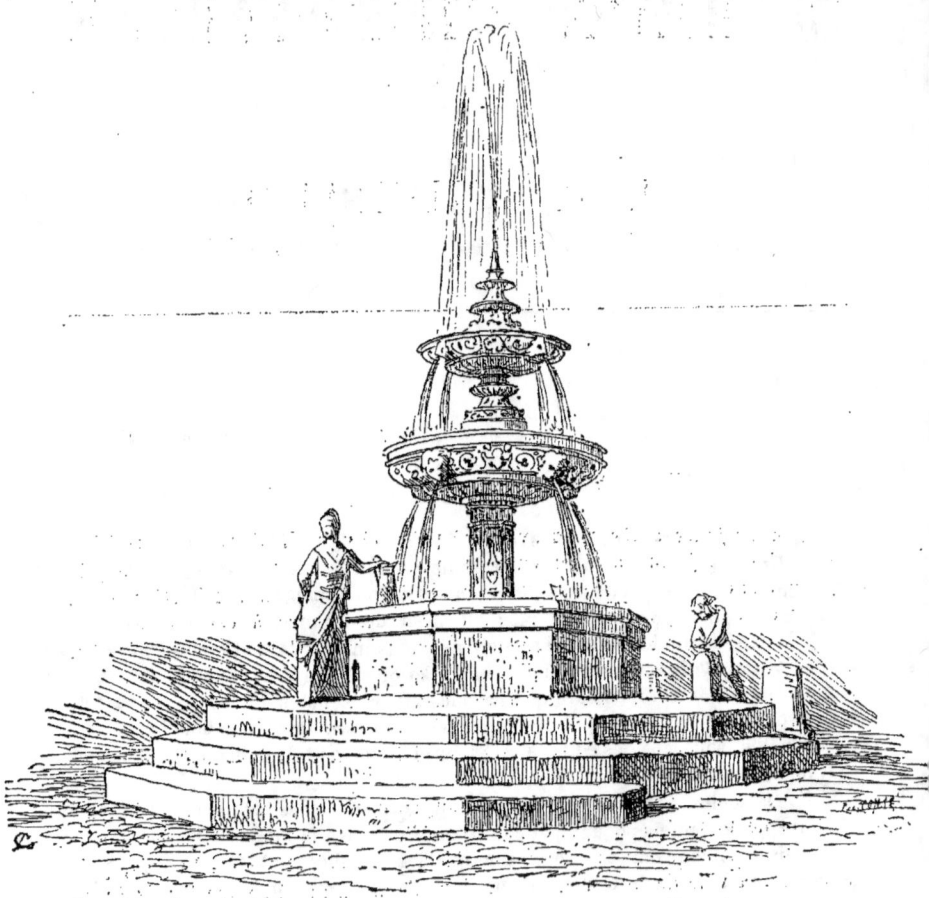

Fontaine du quinzième siècle. — Place de l'Hôtel-de-Ville, à Mantes.

années de la Renaissance ; des salamandres couronnées, sculptées sur le support des vasques, ne laissent aucun doute à ce sujet. De la grâce dans l'ensemble, de la finesse et du goût dans les sculptures, sont les qualités évidentes de cet édicule composé de deux vasques superposées, ornées de moulures, où la lumière est accrochée de distance en distance par des têtes humaines fort saillantes. Ces têtes sont chargées de répandre l'eau des vasques dans le bassin ; mais j'ignore en vérité si elles répandent encore quoi que ce soit à cette heure,

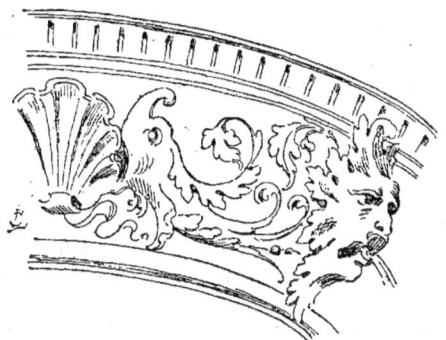

Détail de la vasque supérieure.

tellement la fontaine est dans un piteux état. Elle est fort mal entretenue, ou plutôt elle ne l'est pas du tout; et le bassin octogone de la base, en particulier, a

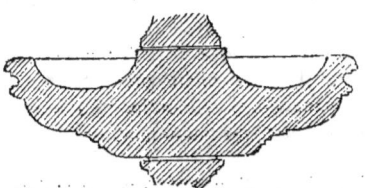

Fontaine de Mantes. — Coupe de la vasque supérieure.

dû être cerclé d'énormes barres de fer, afin d'éviter un écartement certain et peut-être la destruction complète de l'édifice. Ajoutons, pourtant, que la vasque supé-

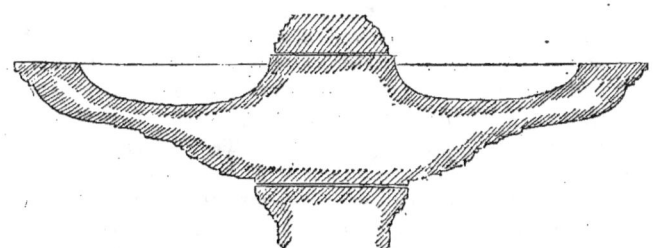

Fontaine de Mantes. — Coupe de la vasque inférieure.

rieure, sur laquelle on remarque une belle frise composée de dauphins alternés avec des écussons variés, est moins maltraitée que le reste et suffit encore à donner une idée exacte de ce que dut être cette fontaine sortant des mains du sculpteur. Je fais en passant des vœux bien sincères pour qu'on la néglige un peu moins, et même pour qu'on arrive à la restaurer, si possible. Je demanderais volontiers, par la même occasion, à MM. les polissons de la ville de ne pas emplir les bassins privés d'eau, d'ordures de toute sorte ; mais ce serait, je le crains, une prière faite en pure perte.

Tout en face de ce coquet édifice du règne de François Iᵉʳ, l'ancien hôtel de ville montre encore, comme couronnement de sa porte principale, un porc-épic menaçant, armes du roi Louis XII, très-habilement sculpté dans l'écoinson formé de moulures de cette époque. Cette porte, dans son ensemble, mérite un sérieux examen, ainsi que les belles fenêtres à meneaux ouvertes, au premier étage, à gauche de la façade. Avec l'escalier, c'est, je crois bien, tout ce qui reste de cet édifice municipal des dernières années du quinzième siècle, ou peut-être même des premières années du seizième. Le reste est sans aucun intérêt artistique.

La tour de Saint-Maclou, dont l'église n'existe plus, a été conservée comme un précieux spécimen de l'architecture religieuse de la Renaissance. Cet édifice, qui s'aperçoit au loin et se confond parfois avec les tours de la cathédrale, semble tout attristé de n'avoir plus à ses côtés l'église à laquelle il servait de clocher. Il est isolé et assez gravement mutilé dans sa partie inférieure ; mais c'est encore une belle œuvre d'art et un témoin vivant des combats livrés par les habitants de Mantes pour la conservation de leurs libertés. A ce titre seul, la tour de Saint-Maclou inspire déjà un certain respect.

Un escalier octogone s'applique à l'un des angles de la tour, et des niches, ornées de dais d'un travail précieux, niches privées des statues qu'elles abritaient, sont les éléments principaux de la décoration ; l'absence des statues est très-regrettable et donne à l'ensemble du monument une silhouette légèrement sèche et anguleuse.

Bien que la tour de Saint-Maclou date, à n'en pas douter, du règne de François Iᵉʳ, toutes les baies et ouvertures sont encore de forme ogivale, et démontrent combien certains architectes du seizième siècle éprouvaient de répugnance à se servir de l'arc cintré dans les édifices religieux.

En allant à la cathédrale et tout près de celle-ci, on aperçoit une vaste maison du temps de Henri IV, fort ornée, quoique ayant subi de grandes modifications. La sculpture de cette habitation ne manque pas de valeur, et les fenêtres notamment sont disposées avec un goût réel. C'est là, dit la tradition, que le Béarnais, tout en conquérant son royaume, venait rendre visite à la belle Gabrielle : « Je vais à Mantes jouer à la paume, » disait-il à ses confidents.

Me voici en face de la cathédrale et disposé, je vous prie de le croire, à laisser là tout souvenir du galant monarque et de sa belle compagne.

C'est un très-beau et très-vaste édifice, dont la façade principale appartient en grande partie au douzième siècle, et les autres façades, ainsi que l'abside, aux treizième et quatorzième. Toute la partie inférieure de la façade offre un aspect réel de puissance et de force ; elle se compose de trois porches, dont celui de gauche, couronné d'un gâble ajouré, trop somptueux à mon avis, a été construit vers la fin du quatorzième siècle.

Les deux autres porches sont de style roman et préférables sous plus d'un rapport. On y remarque, sans parler des scènes sculptées aux tympans et de diverses statues en pied, de fort beaux morceaux d'ornement sur les pieds droits des portes et à la base des ébrasements. Ce sont des rinceaux feuillagés, mais d'une grande sobriété et paraissant avoir conservé comme un parfum de l'antiquité; ils sont, en outre, exécutés avec un véritable sentiment de la décoration. J'ai cru bon de faire un croquis de l'un d'eux, me rappelant, en présence de motifs si parfaits au point de vue de l'ajustement et du métier, que j'étais sculpteur et qu'il pouvait m'être utile, à défaut d'estampage, d'en avoir un croquis fidèle.

Au-dessus du porche central se voit une magnifique rose du treizième siècle qui attire l'attention par des divisions un peu heurtées, peut-être, mais aussi par un caractère de grandeur incontestable. Plus haut, l'œil se trouve arrêté par la haute galerie ornée, découpée avec un luxe peu ordinaire, et qui règne non-seulement sur la façade, mais encore pourtourne chacune des tours, en donnant à celles-ci une physionomie accentuée et toute particulière. Ces deux tours majestueuses, qui s'aperçoivent de très-loin et sous des aspects infiniment variés, continuent le système de décoration employé pour la galerie, à laquelle elles se lient du reste parfaitement. En résumé, la façade que je viens d'essayer de décrire est pleine d'intérêt, et laisse voir une architecture à la fois noble, ferme et imposante.

A l'un des côtés de la façade on remarque un charmant petit portique de la Renaissance, formant un notable contraste avec les lignes sévères des porches voisins : c'est là la grâce et la mièvrerie adossées à la force et à la majesté. Malheureusement, ce petit édicule est dans un état de délabrement tel, qu'il devient, non-seulement impossible d'y distinguer nettement la sculpture, mais encore, en plus d'une place, les lignes mêmes de l'architecture sont illisibles.

Les façades latérales se font surtout remarquer par d'immenses arcs-boutants d'une belle tournure et d'un jet audacieux. De très-jolies gargouilles sont aussi à signaler dans la décoration de ces parties du treizième siècle. L'abside, flanquée de trois chapelles rayonnantes de même époque, vient d'être tout nouvellement restaurée, et, si je ne me trompe, parfaitement restaurée. On doit en féliciter M. Durand, l'architecte de la cathédrale et du diocèse.

L'intérieur de la cathédrale est saisissant de grandeur et de simplicité; il est dû en très-grande partie aux belles années de l'époque dite gothique, c'est-à-dire au treizième siècle. Les voûtes de son immense nef sont portées par de vigoureuses colonnes, flanquées parfois de colonnettes et de chapiteaux d'où partent, en lignes savamment courbées, les nervures des voûtes. Le triforium ayant accès sur la nef et régnant tout autour, est assez semblable à celui de Notre-Dame de Paris, mais plus vaste encore m'a-t-il semblé. Ce que ne peut offrir la métropole parisienne, par exemple, c'est deux immenses salles disposées à l'entrée de l'église, sous chacune des tours, et communiquant avec la nef par une ouverture d'une hauteur surprenante du plus grand effet. Quelle était autrefois la destination de ces deux salles? C'est ce que j'ignore absolument; mais je me promets, de retour à Paris, de me renseigner à ce sujet, tant j'ai été frappé de leur aspect et de leur savante disposition.

A droite de la nef, dans l'un des bas côtés, on remarque une magnifique chapelle à double travée, dont les quatre fenêtres à meneaux qui l'éclairent rappellent, à beaucoup d'égards, celle de la salle synodale de Sens. Une très-riche arcature règne à la base des murs et s'interrompt à l'autel, près duquel existe une charmante piscine disposée dans l'une des arcatures. L'autel est moderne et exécuté dans le style de la chapelle même, c'est-à-dire du quatorzième siècle.

Dans le collatéral opposé, et en face de cette chapelle si remarquable, se voit l'entrée des sacristies, d'un caractère bien tranché avec le reste de l'édifice et d'une fermeté de lignes peu ordinaire; elle remonte au treizième siècle. La porte en bois, décorée de moulures, possède encore de jolies ferrures et une poignée dont j'ai fait un croquis de la grandeur même de l'exécution.

LIMAY. — Quel que soit le regret éprouvé en quittant un monument de cette valeur et de cette importance artistique, il faut s'y résigner. J'ai donc laissé l'église de Notre-Dame de Mantes, édifice d'un rare mérite de construction et d'une beauté décorative incontestable, pour aller au petit village de Limay examiner la cuve baptismale de l'église qu'on m'avait signalée, et la flèche en pierre dont la silhouette, élégante et fine, avait déjà de très-loin attiré mes regards. Bien qu'émerveillé encore des somptuosités de la cathédrale, je n'ai pas éprouvé de trop grandes déceptions en face de la modeste église de village.

Pour aller à Limay, on est obligé de traverser le pont, élevé en 1765 par Perronnet, pont détruit malheureusement dans la dernière guerre, mais qu'on est en train de reconstruire tel, m'a-t-on dit, qu'il sortit des mains de l'ingénieur du dix-huitième siècle. Il faut, si le fait est vrai, louer le bon goût des architectes chargés de le rééditier ainsi, et celui de la municipalité qui a témoigné un tel désir.

L'église de Limay, quoique très-modeste, n'est pas dénuée de valeur artistique; mais elle date en grande partie du quinzième siècle, époque de dégénérescence où l'on oublie l'ampleur décorative des siècles précédents. La façade principale est pourvue d'un portail à double arcature en pendentif, et au lieu du meneau central, traditionnel en quelque sorte, qui se voit aux portes de ce genre, nous avons un espace vide. C'est là un petit tour de force de construction, dont les architectes ou maçons de cette époque aimaient parfois à faire parade : on sait qu'à la fin du quinzième siècle l'art de l'appareilleur avait atteint son apogée.

Le portail, chargé de sculptures, laisse voir, au milieu du tympan et dans l'axe de l'ouverture, une niche avec dais, dont la statue est absente. Cette niche est flanquée à droite et à gauche de contre-forts peu saillants en forme de pinacles. La porte en bois est de même époque, mais n'offre aucun intérêt sérieux au point de vue de l'art.

Il n'en est pas de même, par exemple, du clocher dont nous avons déjà, par un mot, indiqué l'importance et le mérite. Si je ne me trompe, ce doit être un des beaux clochers des environs de Paris; j'en excepte, bien entendu, ceux qui appartiennent à des édifices hors ligne, et avec lesquels aucune comparaison ne peut être établie. Il date en entier du douzième siècle, et a été construit, de la base au sommet, en pierres de taille habilement appareillées. Les ouvertures sont en plein cintre, et la flèche proprement dite couverte d'écailles dans le goût du temps.

Indépendamment de la belle cuve baptismale en pierre qui se voit à l'intérieur, et qui m'a étonné par la beauté de sa sculpture à la fois large et simple, cuve dont je n'ai fait aucun dessin, sachant qu'elle avait été souvent reproduite, on remarque aussi, près de la porte d'entrée, plusieurs fragments d'un retable en pierre décoré de figures, et les restes d'un tombeau du quatorzième siècle, dont j'ignore la provenance.

En quittant l'église de Limay, on ne peut se dispenser de jeter un coup d'œil sur la façade moderne de la mairie (disons plutôt de l'hôtel de ville, car l'édifice municipal semble viser à ce but), et constater qu'un beffroi assez monumental, s'élevant au centre des bâtiments, vient lutter de hauteur avec le vieux clocher son voisin.

GASSICOURT. — Le village de Gassicourt est situé au milieu de la plaine, à deux kilomètres de Mantes. C'est faire une agréable promenade que d'y aller à pied. Cette fois encore j'allais à coup sûr, certain de rencontrer là une église des plus intéressantes, avec chevet carré et clocher au centre des transepts, le tout datant des douzième et treizième siècles.

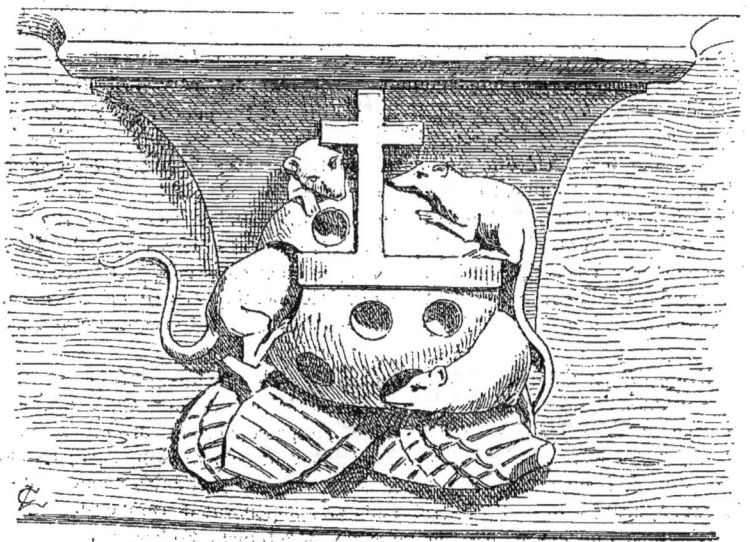

Église de Gassicourt. — Une des miséricordes des stalles. — xve siècle.

La façade principale est des plus caractéristiques, mais d'un roman assez brutal, par exemple, et comme on en rencontre rarement ; roman plein de sauvagerie, plein de naïveté, mais faisant preuve, toutefois, d'une science réelle dans l'agencement des lignes et le parti-pris décoratif. L'archivolte, très-importante, comme dans la plupart des portails de cette époque, est ornée de têtes ou masques humains, grimaçants et variés. Le tympan est couvert d'une décoration assez semblable à des incrustations, et le sommet du pignon est percé d'un grand oculus flanqué, à droite et à gauche, de baies étroites et en plein cintre.

L'intérieur de la nef est de même époque, et les chapiteaux portant les arcatures sont d'un goût et d'une facture tellement primitifs, tellement étranges, qu'on les suppose d'abord seulement épannelés. Ce n'est pas parmi eux que le crayon trouvera à s'exercer fructueusement.

Chœur et transepts datent du treizième siècle, mais du beau treizième, de l'époque de saint Louis. Le transept de droite est entièrement couvert de peintures à fresque, retrouvées, semble-t-il, sous un épais badigeon, et remontant aux dernières années du quinzième siècle. Ces peintures laissent voir, dans les voûtes notamment, des personnages plus grands que nature, surmontés de dais, et parmi lesquels j'ai cru reconnaître les Vertus théologales. Des philactères, contenant des inscriptions variées, ont trouvé place dans le champ laissé libre par les personnages. Ces fresques, fort endommagées par places, sont en réalité plus intéressantes que vraiment belles, et les vitraux du treizième siècle que l'on voit à côté m'ont semblé bien préférables à tous égards. Ici, non-seulement les tons sont vifs et harmonieux, mais les personnages des scènes légendaires sont d'un beau style et d'une exécution soignée. On remarque dans la plupart des bordures, au milieu d'entrelacs bien dessinés, la fleur de lis et la tour de Castille, signe évident que les vitraux de Gassicourt sont contemporains de saint Louis et que je ne m'étais pas trompé en les attribuant dès l'abord au treizième siècle. La plus intéressante de ces verrières est composée de scènes habilement dessinées, inscrites dans des médaillons circulaires. Les tons les plus variés et les plus vifs s'y rencontrent, attirant le regard par leur intensité même.

Non loin de là, à droite du maître-autel, une piscine du treizième siècle se fait remarquer. Savamment dessinée, elle est formée d'un grand arc trilobé, dont les subdivisions, malheureusement brisées, sont cependant faciles à restituer par la pensée. On voit aussi, à l'entrée du chœur, plusieurs pierres tombales n'offrant aucune matière à description, les personnages étant en grande partie effacés et les inscriptions illisibles; mais il faut sans crainte mentionner une clôture ou grille en bois sculpté, fort riche, qui sépare la nef des bras du transept. Cette boiserie date du quinzième siècle.

Des stalles de même époque, signalées depuis longtemps par les archéologues et les érudits, sont disposées dans la partie supérieure de la nef. Elles sont surtout remarquables par des sujets sculptés, représentant les divers travaux de l'année, et des scènes d'un symbolisme trop savant pour qu'il me soit possible de les expliquer. Les accoudoirs et les miséricordes ont particulièrement reçu cette décoration, assez grosse, il est vrai, mais non dépourvue de caractère.

Ajoutons que des figures de fantaisie, légèrement grotesques, mais d'une véritable finesse d'observation et représentant des moines, des religieuses priant ou lisant, se voient aussi à côté de feuillages hardiment taillés dans le bois, et bien mieux traités par le sculpteur que les personnages mêmes.

Telle est l'intéressante petite église de Gassicourt dont je viens de dresser un inventaire très-écourté, mais de laquelle je garderai longtemps bon souvenir.

Dans ma prochaine lettre, je vous entretiendrai, monsieur, si vous le voulez bien, de la ville des Andelys, de son château fort et de sa splendide église paroissiale, célèbre autant par son architecture que par ses éclatants vitraux du seizième siècle, qui passent dans le pays pour avoir fait bien souvent rêver le Poussin enfant, et, plus tard, fixé définitivement sa vocation de peintre.

Veuillez agréer, monsieur, l'assurance de mes sentiments distingués, et me croire votre tout dévoué serviteur.

LÉON CHÉDEVILLE.

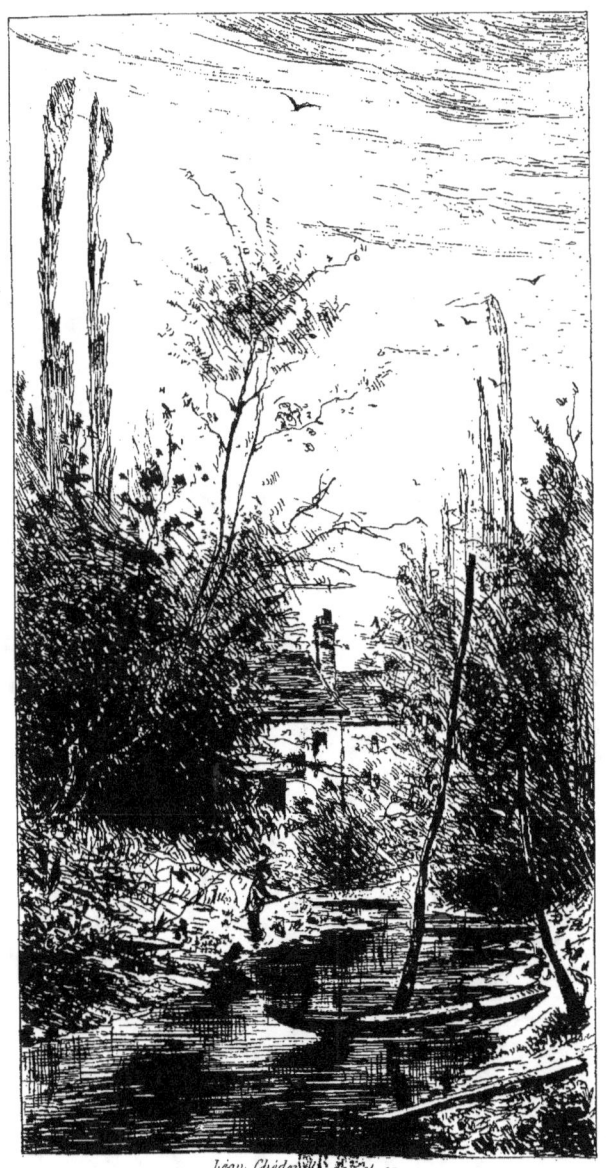

Léon Chédeville del et sc.

MOULIN DE DENNEMONT.

*près Mantes ( Seine -et- Oise )*

II

Rouen, le 15 septembre 1874.

MONSIEUR,

En quittant la ville de Mantes et l'humble village de Gassicourt, je me suis dirigé vers les Andelys, résistant avec peine à la tentation de m'arrêter à Vernon et à Gaillon, villes où je savais pourtant ne rencontrer que des choses d'un intérêt secondaire pour moi. Je n'aurais certes pas, il y a un siècle, commis cet oubli de passer aux portes de Gaillon sans m'y arrêter; c'est qu'à cette époque le beau château du cardinal d'Amboise était debout et intact. La Révolution n'avait pas encore rasé ce palais, une des merveilles de l'architecture française de la Renaissance, palais dont, grâce à un archéologue émérite, nous pouvons voir un des plus beaux fragments à Paris, au milieu de la cour des Beaux-Arts.

Ce qui reste, à cette heure, du château de Gaillon est si insignifiant, m'a-t-on dit, que j'ai dû passer outre, mais non sans avoir hésité pourtant.

LE GRAND ANDELY. — La première chose que l'on aperçoit en arrivant au grand Andely, sur la place principale de la ville, c'est la statue en bronze de Nicolas Poussin, né tout près de là, au hameau de Villers. Cette figure du Raphaël français est assise; le maître, les yeux dirigés vers l'horizon, se dispose à tracer un de ces admirables paysages qui l'ont immortalisé.

C'est là, m'a-t-il semblé, une œuvre d'un certain mérite dont les draperies sont bien ajustées et largement modelées. La tête de l'artiste est belle aussi et d'un grand caractère; mais, vue par certains côtés, la statue entière offre une ligne peu gracieuse et même proche parente de la roideur. C'est avec regret qu'on doit faire cette remarque, car la statue, on ne saurait trop le répéter, est une fort belle œuvre qui fait honneur à son auteur, L. Brian. C'est, au reste, une des très-grandes difficultés de la statuaire de faire qu'une figure puisse être vue sans désavantage de tous les côtés, et il est peu de statues, il faut le dire, qui remplissent d'une façon absolue ces conditions difficiles.

L'HÔTEL DE VILLE. — Derrière ce bronze on aperçoit la façade de l'hôtel de ville, construction élevée tout récemment sur l'emplacement de l'ancien logis de Thomas Corneille, dont on a conservé l'escalier et la tourelle à pans qui le renferme. C'est un édifice d'aspect assez prétentieux, mais où le manque de proportion dans les diverses parties semble notoire; la sculpture, pour parler de ce qui m'est le plus familier et de ce qui choque le plus particulièrement le regard, n'est pas à l'échelle de l'architecture. L'une est grêle et plate, l'autre vigoureuse, saillante et empreinte de lourdeur.

De chaque côté du pavillon central, des plaques décoratives, sorte de carouches ornés, entourent les portraits-médaillons de Nicolas Poussin et de A. Tur-

2

nèbe; le tout est soutenu par de gauches chimères et terminé par des draperies peu élégantes.

La façade de la maison municipale, surmontée d'un beffroi, est terminée au sommet par des épis trop riches et une crête trop volumineuse. La façade sur la cour, où l'on voit l'escalier ancien dont je viens de parler plus haut, montre deux médaillons semblables à ceux de la face principale, et représentant, l'un le poëte Thomas Corneille, l'autre l'aéronaute J.-P. Blanchard. Ils ne sont guère mieux réussis que les précédents.

Les échevins des Andelys (vieux style) auraient l'intention, paraît-il, d'établir un musée dans l'une des salles du premier étage de leur maison de ville, et, certes, l'intention ne peut qu'être applaudie; malheureusement, les œuvres d'art, déjà réunies, sont si peu nombreuses, et pour la plupart si médiocres, qu'il faudra, je le crains bien, un long temps avant de pouvoir réunir un musée véritablement digne de ce nom. Toutefois, les Andelys possèdent déjà une œuvre capitale, et cette œuvre étant précisément du grand peintre né dans ses murs, c'est là, à ce qu'il semble, un début qui devrait encourager.

Le tableau authentique du Poussin, dont le sujet est Coriolan assiégeant Rome, et vaincu par les supplications de sa femme et de sa mère, s'il n'est pas un des chefs-d'œuvre du maître, n'est pas non plus ce qu'il a produit de moins bien. On y retrouve les poses qu'il affectionnait dans ses personnages et les draperies dont il savait si bien les vêtir. Le héros remet, d'un geste résolu, son épée au fourreau; mais, les traits assombris, il semble avoir comme une prescience de l'avenir qui lui est réservé. La ville de Rome se dessine dans le fond du tableau, et, sur l'un des côtés, on remarque avec une véritable satisfaction artistique un jeune soldat demi-nu, casque en tête et pique en main, dont le dessin est parfait et l'élégance admirable.

On voit aussi, à côté de Coriolan, une assez bonne copie du Diogène des galeries du Louvre, et un dessin attribué au grand maître des Andelys, mais bien à tort, à mon sens, car on y rencontre des naïvetés et des lourdeurs que le Poussin n'a jamais dû connaître.

J'ai remarqué aussi au musée, ou plutôt à ce qui sera un jour, il faut l'espérer, le musée, un très-beau dessin à la mine de plomb, signé : André Durand, et représentant une maison en pierre, des plus somptueuses, des plus intéressantes, maison qu'on a pu voir aux Andelys jusqu'en 1836, mais qu'on n'y verra plus maintenant, des Anglais l'ayant achetée et transportée dans leur pays. Cette maison était une des plus complètes de l'époque de la Renaissance, et ce n'est pas sans regret qu'on apprend, en examinant le dessin d'André Durand, qu'elle nous est pour jamais enlevée. Puisque, de cette petite merveille d'architecture, il ne nous reste plus qu'un dessin remarquablement exécuté et très-fidèle, on n'en peut douter, tâchons au moins de le garder précieusement.

L'HÔTEL DU GRAND-CERF. — Tout artiste qui visitera les Andelys doit descendre à l'hôtel du Grand-Cerf, non que la cuisine y soit meilleure qu'autre part, je suppose, mais parce que c'est là une véritable hôtellerie d'autrefois établie dans une maison en bois du quinzième siècle du plus rare bon goût. Ne souriez pas, Monsieur, cette particularité n'est pas tant à dédaigner, et c'est bien quelque chose, assurément, que de loger, même pour quelques jours, dans un gîte ayant toutes les allures d'un autre âge, et rien, pour ainsi parler, de nos façons actuelles. On est bien exposé, cela va sans dire, à y coudoyer de temps à autre quelque voyageur en rouennerie, en épicerie, parfaitement insensible aux charmes de l'archéologie ; mais c'est là un tribut qu'il faut savoir payer à son époque et qui ne fait qu'ajouter, en définitive, à cette rareté, à cette merveille inouïe, à savoir : une hôtellerie intacte du quinzième siècle, à vingt lieues de Paris, hôtellerie où il ne manque aux maîtres et aux valets que des costumes anciens pour se croire en plein moyen âge.

Et ce n'est pas tout. L'hôtelier, en vivant au milieu de cette ancienne demeure, a fini non-seulement, chose bien naturelle, par s'éprendre de sa maison de bois, de ses vieilles cheminées, de ses plafonds à solives sculptées, etc., etc., mais il s'est laissé gagner aussi par la maladie de nos jours, il est devenu collectionneur, et, ma foi, collectionneur émérite. Pendant quarante ans il a rassemblé, à l'hôtel du Grand-Cerf, tout ce qu'il a pu rencontrer d'objets intéressants aux Andelys et aux environs, et il a réussi, en fin de compte, à former un véritable musée d'objets d'art de toute sorte : landiers en fer forgé, serrures et clefs les plus variées, meubles et bahuts sculptés, statuettes, verreries, faïences émaillées, peintures, dessins, gravures, etc. La nomenclature n'en finirait pas. Il n'y a pas une place dans la maison qui ne soit garnie d'un objet d'art quelconque, et on m'affirmerait qu'il y en a à la cave et au grenier, que cela ne surprendrait médiocrement. J'ai vu, là, soit dans la salle d'entrée, soit dans la salle à manger, dans l'escalier, dans les couloirs ou dans les chambres du premier étage, maints objets qui figureraient avec honneur à l'exposition rétrospective du costume que l'*Union centrale* vient d'organiser au Palais de l'Industrie.

Pauvre hôtelier collectionneur, si tu vivais encore tu aurais voulu, il ne faut pas en douter, apporter aussi ta pierre à cette curieuse et intéressante exhibition ! et le vieil hôtel des Andelys se fût trouvé momentanément privé de quelques-uns de ses objets d'art, mais sans que le coup d'œil en fût détruit pour cela, ni l'aspect amoindri. On m'a fait les honneurs de cette étonnante collection et, tout en l'appréciant bien à sa valeur et en examinant avec soin chacun des objets, je regrettais vivement, je le dire, de ne pouvoir questionner celui qui l'avait si laborieusement amassée et surtout de ne pouvoir le féliciter.

La façade de l'hôtel du Grand-Cerf mérite une description, et je ne la ferai pas attendre. Elle offre cette particularité bien digne de remarque que, datant de la fin du quinzième siècle, époque où l'on prodiguait la sculpture, elle n'est pas trop surchargée de décoration. Elle peut même passer pour relativement simple, quoique variée, et d'un goût qui éloigne toute critique ; malheureusement elle n'est pas restée sans mutilation, et l'on constate par place des suppressions et des arrangements dénotant trop bien que nos pères n'ont pas toujours eu le sentiment des belles choses, ni même le respect des œuvres d'art. Ainsi les arcs en ogives ou en accolades ont été détruits pour la plupart et remplacés par de grossières traverses, en désaccord non-seulement avec la décoration, mais avec la structure de cette façade en colombage ou pans de bois. Les lucarnes ont reçu aussi divers assauts peu intelligents, et, tout en continuant à jouer leur rôle dans l'ensemble de la façade, elles n'offrent plus leur caractère primitif dans toute sa pureté.

De chaque côté des fenêtres se dressent des pilastres au sommet desquels on retrouve des traces d'écussons faisant office de consoles, et portant une corniche gracieuse et fine d'où part à son tour une toiture élevée, rapide, percée de deux lucarnes. Ces lucarnes sont encore fort élégantes malgré les transformations qu'elles ont subies. Un gracieux épi de faîtage termine cette façade dont les lignes sont habilement combinées et agencées.

Il ne faut pas omettre non plus de signaler à l'intérieur la remarquable cheminée de la salle d'entrée, dont la hotte élégante peut passer pour un modèle de décoration. Tout s'y trouve en effet bien raisonné, bien ajusté, et la frise courante, composée d'enfants nus jouant au milieu de rinceaux ainsi que le motif vraiment ingénieux du milieu de la cheminée, provoquent à un égal degré le besoin d'admirer.

La hotte, légèrement inclinée, laisse voir dans l'axe un motif orné, relié à l'ensemble par une galerie ajourée aussi délicate que bien conçue. Des landiers anciens, des crémaillères de toutes dimensions, des tourne-broches immenses, etc., garnissent cette monumentale cheminée où la brique apparaît par places et vient jouer un rôle décoratif important.

Je n'aurai rien à ajouter quand j'aurai mentionné aussi un tambour d'escalier en bois sculpté qui se voit dans la salle à manger et dont les compartiments ou panneaux sont couverts de sculptures d'un goût exquis.

Tout près de l'hôtel, dont je viens peut-être de parler un peu longuement, on peut voir les restes de l'ancienne prison de la ville, construction en pierre et bois datant du seizième siècle et offrant quelques jolies parties ornées de sculptures, mais dans un état de vétusté et de délabrement tels, qu'il devient difficile de les dessiner et même de les voir convenablement.

L'ÉGLISE DE SAINTE-CLOTILDE. — Cet édifice, un des plus remarquables de la Normandie, n'est pas d'une seule époque. On y voit du treizième et du quatorzième siècle à la façade principale, puis du quinzième dans une des faces latérales et dans l'abside, et enfin de la Renaissance déjà avancée à l'autre façade latérale. La flèche centrale, à en juger par l'amorce ou tronçon qui existe seul aujourd'hui, devait avoir des dimensions immenses.

Malgré cette lacune, l'église joue un rôle important dans le paysage et offre des lignes heureuses et pittoresques à la fois.

*Façade principale.* — La façade principale, flanquée de deux tours ou clochers de mine et d'allure décidées, est presque entièrement du treizième siècle, mais du treizième de la seconde période. Chaque clocher est flanqué à son tour d'un escalier accusé à l'extérieur, et ceux-ci donnent à la façade entière un caractère des plus prononcés sans nuire d'aucune façon à la beauté des lignes de l'architecture. Un porche de forme peu commune, à triple arcature, dont celle du milieu fait saillie sur la façade, atteint jusqu'à la hauteur de la rose où il se trouve terminé d'une balustrade composée d'élégants quadrilobes. Une puissante arcature règne à la base de la façade, et le portail, quoique restauré nouvellement, conserve bien le caractère et le faire du treizième siècle. On remarque au porche des contre-forts ajustés avec un goût particulier et offrant des pénétrations assez complexes, avec des naissances d'archivolte en forme de têtes monstrueuses et grimaçantes.

Le trumeau et la Vierge qui le décore sont modernes, de même que le tympan, et portent la signature de F. Taluet, 1865. Je n'en dirai pas autre chose.

*Façade latérale de droite.* — La façade latérale du côté sud de l'église appartient en entier à ce gothique fleuri et exubérant que l'on a longtemps, et non sans raison, désigné sous le nom de flamboyant. Ce gothique atteint, dans la façade qui nous occupe, le maximum de la richesse et de l'audace décoratives. Quand on a cessé d'admirer, car on ne peut, en définitive, faire autrement, on se prend d'effroi en face de toutes les prodigalités répandues comme à foison dans la pierr

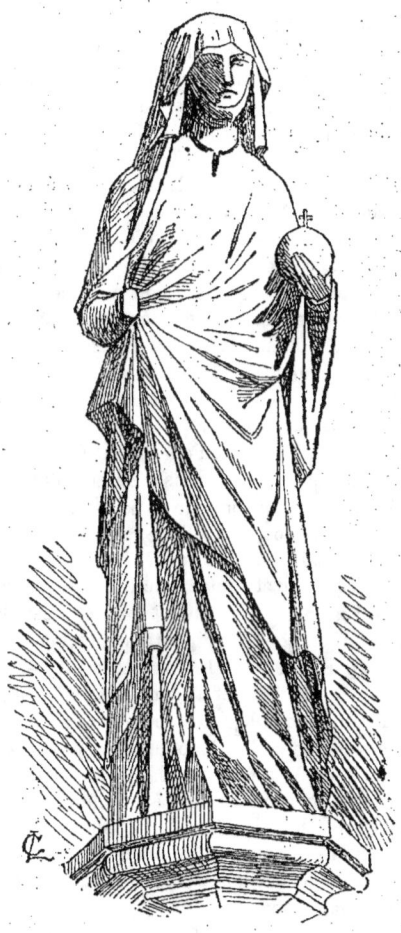

ÉGLISE SAINTE-CLOTILDE AUX ANDELYS
Statuette en pierre à l'entrée de la porte principale (xve siècle).

On n'y voit que contre-forts à moulures prismatiques, que dais et pinacles, gables et balustrades ajourés, clochetons aigus, gargouilles béantes et contournées et, par-dessus tout, une nuée de crochets et de feuillages refouillés qui forment comme autant d'aspérités se détachant sur le ciel.

Le portail de cette trop riche façade latérale est aussi, cela va sans dire, une œuvre accomplie de profusion, et l'on y retrouve des éléments décoratifs en assez grand nombre pour pouvoir convenablement orner trois églises d'une certaine importance. La rose, en particulier, étonne et captive, elle flamboie et semble comme animée. Les clochetons sont aussi surchargés au delà de toute expression et, je le répète, après le premier mouvement qui est tout à l'admiration (on dit que c'est le bon !), on est sérieusement effrayé de toute cette débauche incroyable de sculpture, on éprouve sérieusement le besoin de revoir un instant la façade plus calme et plus simple du treizième siècle. Le portail du grand Andelys nous prouve donc, une fois de plus, que rien ne pouvait arrêter la fécondité et la verve des sculpteurs du quinzième siècle.

La porte est divisée en deux par un trumeau composé d'un piédestal ou socle, d'une niche mi-circulaire et d'un dais en forme de pyramide.

Une statue devait nécessairement meubler la niche, mais elle est absente, et c'est chose d'autant plus regrettable, que le trumeau perd, par cette absence, beaucoup de son caractère. Ici encore il faut critiquer et blâmer la profusion, et la blâmer plus qu'ailleurs encore, s'il se peut. En effet, jamais, à mon sens, la sculpture n'a été appliquée d'une façon plus malencontreuse : ainsi le dais du trumeau, en forme de clocheton, a reçu la décoration la plus abondante et la plus fine en même temps ; l'œil est émerveillé de ces découpures sans nombre taillées dans la pierre avec une adresse surprenante. Mais sur ce point, au moins, on ne peut blâmer d'une façon absolue, et puisqu'on voulait faire riche et qu'on avait sans doute des sommes considérables à dépenser en sculpture, il était assez rationnel d'orner ce dais, abri d'un saint personnage et peut-être même du patron de l'église ; et puis, ce dais se trouve, chose essentielle, placé à une hauteur que la main ne peut atteindre ; mais en est-il de même pour la base du trumeau et pour le piédestal de la statue, qui ont reçu, l'une et l'autre, une décoration tout aussi chargée et plus riche encore, si c'est possible ? Assurément non, et c'est chose parfaitement contraire au bon sens et au bon goût de voir cette petite merveille de délicatesse placée à hauteur d'homme, à portée de tous les projectiles et de tous les accidents. Aussi cette base est-elle abîmée, mutilée, et n'ayant rien conservé, pour ainsi dire, de ses formes primitives ; il faut un œil déjà exercé pour saisir les beautés de la sculpture violemment cassée ou arrondie. Voilà ce que peut produire un manque de raisonnement et le désir immodéré de faire riche.

Ajoutons, pour terminer, que des figures de saints habilement traitées surmontent encore quelques-unes des gables et des pignons, et quittons sans regret cette merveilleuse façade du quinzième siècle, oubliant même, s'il se peut, sa trop grande richesse, son surcroît de décoration. Je passe à la façade de gauche, œuvre des belles années de la Renaissance.

*Façade latérale de gauche.* — Cette fois, nous sommes en face d'une tout autre architecture et d'un parti pris décoratif entièrement différent. La richesse est non moins grande peut-être, mais elle est mieux coordonnée. La façade, élevée pendant le règne de Henri II, ne fatigue pas comme la précédente ; les yeux, au contraire, s'y reposent avec plaisir. Ce sont deux types bien distincts, bien tranchés, et qu'il semble utile d'étudier et de comparer, puisqu'on y voit, dans tout son développement, la transformation subie par notre architecture nationale d'un siècle à un autre.

Les grandes lignes de ce côté de l'église sont forcément les mêmes qu'à l'autre façade : même importance du transept, même nombre et même division des chapelles et même ajustement des arcs-boutants. Comme au quinzième siècle, on a soutenu, de distance en distance, des murs par les contre-forts, et la corniche des chapelles est également ornée d'une balustrade ; mais les contre-forts sont conçus en forme de pilastres couronnés de chapiteaux ioniques, et la balustrade est faite de découpures géométriques ; au lieu de gables et de clochetons, ce sont des pots à feu qui viennent la terminer et lui donner l'assiette nécessaire.

Me voici en face du portail de cette façade, et ici plus que jamais on peut être élogieux. L'architecture est déjà empreinte d'un caractère légèrement classique,

Ferrure d'une porte au grand Andely (XIVe siècle).

mais de ce classique gai, mouvementé, libre, comme le comprenaient parfois les architectes de la Renaissance, et non le classique de nos architectes modernes du premier empire et du règne de Louis-Philippe. On m'avait montré ce portail gravé dans une de ces publications architectoniques que l'on fait avec tant de soin aujourd'hui, et je lui avais déjà payé mon tribut d'admiration. Je n'ai pas eu de déception en face de la réalité, loin de là.

Une seule chose me paraît peut-être devoir provoquer quelques critiques anodines. Je veux parler de la rose, dont les divisions ou meneaux semblent un peu lourds dans leurs moulures, surtout si on les compare à une fine et élégante arcature ajourée, disposée à la base même de la rose.

L'ordre employé au rez-de-chaussée est l'ordre ionique ; celui de l'étage supérieur est corinthien. Deux niches sont disposées dans la hauteur des ordres et entre chacune des colonnes ; ces niches sont entourées de moulures ornées, d'une véritable délicatesse ; mais toutes, par malheur, sont privées de la statue qui les meublait.

Les gargouilles sont franchement ornemanisées et de formes sévères ; elles n'offrent plus ces animaux fantastiques et mouvementés dont je parlais tout à l'heure. C'est à peine si quelques mascarons plus ou moins grimaçants ont trouvé place à l'orifice ; la plupart du temps ce sont même des vases ou gueulards portés par des figures à moitié engagées dans les moulures de la corniche.

Les portes proprement dites, en plein cintre, sont jumelles et réunies sous une puissante archivolte, soutenue à son tour par des cariatides d'un style élégant. Le tympan se compose de trois niches dont les archivoltes, fort saillantes et très-ornées, sont soutenues par de fines colonnettes d'ordre ionique ; mais ces trois niches sont veuves aussi de leurs statues. Un fait m'a semblé digne de remarque : c'est l'emploi au rez-de-chaussée d'un même ordre trois fois répété, à des échelles différentes, sans que le regard en soit inquiété ni choqué. La même observation est à faire pour la partie supérieure, où l'ordre corinthien se répète aussi dans des dimensions différentes.

On ne peut décemment faire l'éloge de deux figures sculptées en bas-relief dans les écoinçons de la porte. Ces figures, d'un mouvement peu gracieux, viennent meubler assez médiocrement le champ qui les reçoit. Et puis, que font là ces Renommées ailées tenant en main des palmes et des couronnes ? Elles n'ont rien à voir, il me semble, à la façade d'un édifice de cette nature.

On sait combien, à la Renaissance, les cartouches et les cuirs ont été fréquemment employés dans la décoration : on ne s'est pas écarté de cet usage au portail de Sainte-Clotilde, et on retrouve des motifs de cette nature sur toutes les faces du socle des colonnes, au retour des angles de la façade, à la base des niches, et jusque sous les soffites des corniches.

Pour la plupart, ils sont remarquablement arrangés et bien traités au point de vue de l'exécution. Vous pouvez, monsieur, vous en rendre compte en examinant les dessins que j'ai faits de deux d'entre eux.

INTÉRIEUR. — L'intérieur de l'église de Sainte-Clotilde ne me paraît pas, à beaucoup près, offrir autant d'intérêt que les diverses parties de l'extérieur. On y retrouve bien, et parfaitement accusés, les styles dont nous avons parlé plus haut, mais employés, semble-t-il, avec moins d'ampleur et moins de sagacité. Ainsi, les yeux sont choqués, entre autres choses, de la sécheresse et du manque de grâce des quatre gros piliers de la croisée qui, ayant eu à supporter une flèche énorme, ont reçu, pour ce motif, un développement nécessaire, je le veux croire, mais parfaitement désagréable à coup sûr. Ces piliers, d'une seule venue et refaits en partie, on ne sait trop à quelle époque, sont munis de moulures étranges, en vérité, et peu décoratives.

La nef est tout entière du treizième siècle, à l'exception du triforium qui date du quinzième, et a reçu de vastes fenêtres à meneaux dans le goût de cette époque. Ce sont ces fenêtres et celles du bas côté sud qui ont été closes, à la Renaissance, de ces belles verrières dont la renommée est universelle et dont l'éclat est au-dessus de toute comparaison.

Les transepts, cela va de soi, étant fort ornés à l'extérieur, devaient l'être à l'intérieur ; et là encore nous retrouvons deux époques bien distinctes et bien tranchées. Toutefois, et contrairement à ce qui existe au dehors, c'est le transept du quinzième siècle qui l'emporte, à tous égards, sur son voisin. Autant la partie Renaissance est élégante et bien ordonnée à l'extérieur, autant elle prend de lourdeur et manque de proportion à l'intérieur. Le transept du quinzième siècle, il est presque inutile de le dire, est d'une richesse fabuleuse ; mais il faut s'empresser d'ajouter que cette richesse se trouve, cette fois, très-supportable ; on s'y habitue volontiers, car elle laisse apparaître des qualités réelles et bien franches de construction et de décoration.

Les clefs pendantes des voûtes sont remarquables par leur excessive richesse et par un agencement ingénieux ; toutes, elles mériteraient d'être dessinées ; mais, à la hauteur où elles se trouvent, l'œil saisit difficilement les formes, et la moindre tentative de croquis ne peut être risquée sans déconvenue.

Le mobilier, à l'exception d'une partie des stalles datant du quinzième siècle, est moderne, et n'offre rien de particulier, si ce n'est, cependant, que toutes les grilles en fer forgé des chapelles et du chœur sont variées, d'un excellent style, et que le maître-autel, moderne également, possède un tabernacle gigantesque en forme de flèche évidée.

On rencontre çà et là, dans les chapelles ou dans les collatéraux, des figures de saints de différentes époques, et dont quelques-unes ne manquent ni de tournure, ni d'habileté au point de vue de l'exécution. Quant aux stalles, dont j'ai signalé plus haut l'existence, elles sont à considérer à cause de sujets assez grossièrement exécutés aux accoudoirs et aux miséricordes, sujets presque semblables à ceux de Gassicourt, dont j'ai déjà parlé.

Près du chevet, à l'un des angles de l'église, on remarque un immense chandelier pascal d'une forme générale et d'une composition prêtant à la critique. Ce chandelier en bois n'est autre que la réduction d'une flèche ou clocher divisé en trois étages, et exécutée dans ce style du quinzième siècle, rencontré un peu trop souvent jusqu'ici, et présentant une véritable forêt de gables, de dais, de clochetons et de pinacles. Tout au sommet se voit la pointe destinée à fixer le cierge. Cette œuvre prétentieuse est moderne, à vrai dire, et ne mérite aucune espèce d'éloges : elle n'est ni commode, ni rationnelle, ni belle.

Parmi les objets isolés qui ont attiré mon attention, il faut mentionner une petite statue en bois peint, adossée à l'un des piliers du chœur, et curieuse par l'arrangement du costume et la façon dont la tête est enveloppée dans le vêtement. Malheureusement, cette figure est badigeonnée d'une si étrange couleur, qu'il devient impossible à première vue de saisir la matière dont elle est faite. Un bénitier en pierre du seizième siècle attire également par son beau profil et par une décoration sagement entendue.

Deux statues en bois, placées à droite et à gauche de la porte principale, paraissent posséder des qualités sérieuses, qualités que l'on constaterait, sans doute, d'une façon plus affirmative, si elles n'étaient, l'une et l'autre, placées à une trop grande hauteur. L'une d'elles paraît représenter sainte Clotilde, patronne des Andelys, tenant en main l'église qu'elle vient de dédier au Seigneur.

Tout près de là, dans la première chapelle de gauche, un Christ en croix, de grandeur naturelle et du quinzième siècle, se dresse contre l'une des parois.

Cette œuvre d'art n'est pas ici à sa place véritable, et peut-être même ne faisait-elle pas autrefois partie du mobilier de Sainte-Clotilde ; mais elle produit un

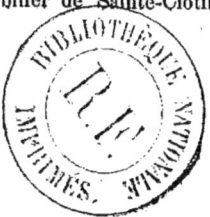

excellent effet, et me paraît remarquable autant par la croix ornée recevant l'image du Sauveur, que par les qualités mêmes de la statuaire. La croix a reçu aux extrémités les quatre symboles des Évangélistes sculptés en haut relief, dans d'ingénieux quadrilobes, auxquels s'ajustaient autrefois de grandes fleurs de lis, dont la tige centrale existe seule aujourd'hui ; les autres branches ont dû être brisées en 93 comme emblème prohibé de la royauté. Les figures en pied de la Vierge et de saint Jean sont, selon la tradition, placées à droite et à gauche du Christ. Saint Jean semble assez médiocre, mais la mère du Sauveur, malgré quelques brutalités de ciseau et des excentricités notables dans les draperies, est douée d'un grand sentiment, surtout la tête, qui, empreinte d'une vive douleur et dissimulée en partie par les plis de la coiffure, est véritablement touchante.

Mais l'œuvre la plus importante, comme statuaire, de tout cet intérieur d'église, est le Christ au tombeau disposé dans une chapelle spéciale, sous l'une des tours de la façade : la scène est composée de sept personnages plus grands que nature. Le Christ mort est déposé avec un respect touchant dans le saint suaire par deux de ses disciples ; la Vierge, à demi évanouie, et soutenue par saint Jean, l'apôtre préféré, contemple son fils étendu à ses pieds ; deux autres personnages, deux femmes, dont l'une est Marie-Magdeleine, sont là, l'une debout, l'autre accroupie, tenant les parfums destinés à conserver le corps du divin crucifié.

Voilà pour la mise en scène, pour le côté dramatique de ce groupe en pierre, un des plus beaux peut-être qui aient été faits en France ; voyons maintenant les qualités d'exécution et la science de l'imagier. Elles ne le cèdent en rien à la composition proprement dite, il faut se hâter de le dire, et toutes les figures, sans être exemptes de défauts, sont vraiment belles, largement traitées, pleines de vie et de mouvement. Un peu de lourdeur peut leur être reprochée, et encore cela tient-il, selon toute probabilité, au peu d'espace offert à l'examen du groupe. Le Christ, en particulier, est très-remarquable, et comme modelé et comme science anatomique. Les têtes sont toutes empreintes d'une grande expression de douleur et conservent comme un souvenir de l'antique. L'Apollon et la Niobé ont dû, à n'en pas douter, inspirer le statuaire du dix-septième siècle. Quelques parties insignifiantes de ce groupe ont été restaurées.

Les Vitraux. — Je ne puis quitter l'église des Andelys sans vous entretenir assez longuement des belles verrières de la Renaissance qu'elle possède en si grand nombre : c'est même là, à vrai dire, l'attrait capital de l'édifice, la partie surprenante, prodigieuse, que tout visiteur veut voir de préférence. Il me paraît difficile, en effet, de voir réunis à un même degré de réussite la beauté de la composition, la science du dessin, l'éclat du coloris, et je n'hésite pas, pour mon compte, à considérer ces vitraux comme de véritables chefs-d'œuvre qu'on ne saurait trop regarder, et surtout, lorsqu'on a le temps, trop dessiner. Et dire que les peintres verriers, qui ont décoré les fenêtres du grand Andely, n'ont pas même signé leur œuvre et sont restés inconnus ! O modestie, précieuse et douce vertu, que tu es loin de nos mœurs actuelles, et comme on s'empresserait de signer maintenant des œuvres semblables plutôt deux fois qu'une !...

La première chapelle du bas côté sud renferme deux verrières ayant pour sujet la vie de sainte Clotilde. La troisième verrière montre la légende de saint

Léger, évêque d'Autun, mais la quatrième continue la légende de la patronne de l'église, et la cinquième retrace la naïve légende de Théophile. Cette page est le plus beau spécimen des vitraux du grand Andely, et l'une des œuvres artistiques les plus remarquables de la Renaissance. Il y a là, à côté d'un démon, plus laid qu'il n'est permis, même à un démon, quelques figures d'une rare beauté, et surtout la tête d'une Vierge, d'un caractère atteignant au sublime. Ici on se laisse aller à décrire, car l'intérêt et l'émotion gagnent et attachent le spectateur devant cette œuvre qui semble d'une autre main que les autres et plus habile encore.

La première et la deuxième baie représentent l'*Annonciation :* la Vierge Marie est agenouillée sur un coussin, la main posée sur la poitrine, tandis que l'Esprit-Saint descend sur elle ; la robe est rouge et recouverte d'une tunique jaune doublée d'une étoffe jaune plus vive encore. Un grand manteau la couvre en partie. A gauche, on voit un meuble et au fond un lit recouvert d'un dais.

Dans la deuxième travée de la fenêtre, l'archange Gabriel annonce à la Vierge qu'elle va devenir mère du Rédempteur. Il est vêtu d'une longue tunique blanche et par-dessus d'une tunique plus courte, jaune et serrée par une ceinture. Plus loin, c'est l'*Assomption :* la Vierge est emportée au ciel par quatre anges et à la base, c'est-à-dire dans le panneau inférieur, sont agenouillées trois figures de donateurs, précieuses au point de vue du costume.

L'épisode principal, la légende de Théophile, légende célèbre au moyen âge et très-souvent représentée, vient ensuite : Théophile ayant fait un pacte avec le diable, lui donna son âme à condition qu'il recevrait en échange de l'argent et tous les secrets de la science. Mais son repentir devint si grand, qu'il implora la Vierge pour rompre le lien qui l'attachait au démon. Elle lui vint en aide et le délivra. Voilà, réduite à sa plus simple expression, la légende du moyen âge. Disons en passant que le Faust de Gœthe n'est, au dénoûment près, guère autre chose.

Dans la cinquième baie, le coupable est à genoux, presque entièrement nu, les cheveux longs et flottants. Le diable, d'une laideur repoussante, le tient attaché par une corde ; des arbres se voient au fond. La Vierge est debout et reçoit le repentir de Théophile ; elle est dessinée avec un sentiment exquis et les draperies qui l'entourent sont de la bonne école du seizième siècle. La tête, parfaitement modelée, est d'un beau caractère avec ses cheveux ondulés tombant sur les épaules.

Dans la partie supérieure de la fenêtre, le peintre a figuré la *Visitation :* sainte Élisabeth et la Vierge s'embrassent. Viennent ensuite la représentation de la *Trinité* et la *Fuite en Égypte* au milieu d'un paysage très-étendu.

J'ajoute, en terminant, que ce beau vitrail, intéressant sous tous les rapports, peut passer à bon droit pour un des plus beaux qui aient été peints.

Une sixième verrière montre divers saints et saintes ; puis, sur trois fenêtres, est représentée toute la longue légende de saint Pierre pêcheur, apôtre et pape. Vous le voyez, Monsieur, je ne fais que mentionner des vitraux qui mériteraient comme le précédent une minutieuse description. Mais le temps me manque et non le bon vouloir. Il faudrait des semaines et même des mois pour en faire une étude sérieuse ; or vous savez que je ne puis consacrer un temps aussi considérable à une seule partie d'un édifice, aussi intéressante qu'elle puisse être. J'ai encore tant de choses à voir pour accomplir le programme tracé, qu'il me faut, bon gré mal gré, laisser là les merveilleux vitraux du grand Andely ; mais non sans regretter par exemple en les quittant, qu'un seul des bas côtés de l'église soit ainsi éclairé et non sans regretter plus amèrement encore la pose de deux verrières modernes, legs d'un avocat du pays et exécutées, semble-t-il, uniquement pour faire valoir les verrières du seizième siècle.

C'est à ce titre seul qu'on les peut tolérer. Qu'on ne m'accuse pas de manque d'indulgence, je sais trop qu'en ayant besoin pour moi-même, il faut en montrer pour les autres ; mais, en face de ces merveilleuses verrières du seizième siècle, si justement célèbres, on ne peut qu'être attristé de l'infériorité presque dérisoire de celles qui sont faites de nos jours et faites pourtant dans des conditions qui permettaient un tout autre résultat.

LE PETIT ANDELY. — Un kilomètre à peine sépare le grand Andely du petit, et l'on peut arriver à ce dernier, si l'on veut ne pas soulever la poussière de la grand' route, par une promenade ombragée des plus agréables sur les bords du Gambon. Le petit Andely est de fondation très-reculée et s'élève en partie sur l'emplacement d'un ancien étang au pied de cette forteresse si renommée : le château Gaillard. Plusieurs maisons anciennes m'ont frappé par leur caractère ; mais, privées pour la plupart d'une décoration significative, elles ne méritent aucune description. L'église seule, édifice intéressant du treizième siècle, demande à être particulièrement signalée ainsi que la situation exceptionnelle de cette petite ville.

L'ÉGLISE. — La façade de l'église est flanquée d'un vaste porche où tout n'est pas à louer absolument. Un Christ en pierre du treizième siècle décore le trumeau, et les portes sont maintenues par des pentures en fer forgé refaites depuis peu. La sacristie est curieuse par son agencement, et l'abside se fait remarquer par l'importance des arcs-boutants soutenant les murs du chœur.

La flèche ou clocher, qui s'élève à la rencontre des transepts, est en bois couvert d'ardoises mais fort simple de décoration ; elle atteint son but malgré cela et file hardiment vers le ciel. L'intérieur de cette petite église est remarquable à plus d'un titre et même, il faut le dire, à certains égards imposant. La nef ne possède que deux travées simplement décorées ; mais le chœur, plus soigné et plus complet, laisse voir un triforium ou galerie en arcature, dont les chapiteaux, les archivoltes et les quadrilobes meublant les écoinçons, ont été décorés de peintures visibles encore, de la fin du treizième siècle. Ce chœur est percé au rez-de-chaussée de six ouvertures ogivales, séparées par des colonnes dont les chapiteaux étaient peints aussi. Les longues colonnes et colonnettes, atteignant jusqu'à la naissance des voûtes, ne posent pas sur le sol ; elles sont soutenues, à la hauteur du tailloir des chapiteaux, par des personnages accroupis faisant office de cariatides ; mais de cariatides comme les comprenait le moyen âge, c'est-à-dire empreintes d'un caractère légèrement grotesque.

L'église entière est fort élevée, et les deux transepts sont d'une nudité grandiose que le dix-septième siècle a voulu, bien à tort, faire oublier par l'application de deux immenses retables en bois doré datant, l'un du règne de Louis XIII, l'autre du règne suivant. C'est un amas de moulures colossales, de cartouches contournés, de figures, de nuées sculptées, qui fatiguent le regard sans séduire l'imagination.

Le buffet d'orgue, exécuté à la même époque, est beaucoup mieux compris, les lignes en sont belles quoique mouvementées et la sculpture, d'exécution un peu grosse, remplit suffisamment cependant son rôle décoratif. Il est placé comme toujours à l'entrée de l'église et porté par deux vigoureuses colonnes formant tambour. Quant à la chaire à prêcher, faite au dix-septième siècle également, elle est trop riche et d'un goût au moins douteux. Le reste du mobilier est assez insignifiant; toutefois, parmi une rangée de saints paraissant mis au rebut, les uns petits, les autres grands, mais tous en assez mauvais état, figure une petite statuette du quatorzième siècle, en bois peint, qui est de tous points ravissante. Malheureusement elle se trouve plus mutilée encore que les statues voisines et devient par cela même difficile à dessiner; les cheveux sont dénoués et tombent en tresses abondantes sur les épaules; la tête est couronnée, mais les mains tenaient-elles un sceptre ou un objet quelconque? Il est difficile de l'affirmer, car elles sont brisées de la façon la plus complète. Tout cela est bien regrettable, et l'on ne peut que déplorer cette mutilation d'une statuette remarquable par le caractère et la beauté du costume.

Ajoutons, pour finir, que les vitraux du chœur, datant du quatorzième siècle, sont fort beaux, mais paraissent avoir été considérablement remaniés.

En résumé, l'église du petit Andely, cela ne fait pas doute, est un de ces jolis monuments comme le moyen âge en a encore, grâce à Dieu, beaucoup laissé en France, et qu'on est heureux de retrouver dans un bon état de conservation.

LE CHATEAU GAILLARD. — Ce n'est pas sans une certaine émotion que je me disposais à gravir la côte aride et le roc où se dresse ce géant du moyen âge; je me souvenais d'avoir joué dans mon enfance au milieu de ces ruines féodales dont j'ai toujours gardé un fidèle souvenir, et j'avais hâte d'arriver au sommet tant pour parcourir encore ces restes imposants que pour embrasser d'un seul coup d'œil l'immense horizon que l'on découvre de cette place.

Le château Gaillard, chacun le sait, fut bâti par Richard Cœur de Lion en moins d'une année. Le monarque anglo-normand présidait lui-même à la construction, dirigeant, excitant les ouvriers; aussi, disait-il, quand il vit la forteresse terminée : « Qu'elle est belle, ma fille d'un an. » Il était loin alors de supposer que sa « fille » serait reprise peu de temps après à son successeur Jean sans Terre par le roi Philippe Auguste; ce dernier, il est vrai, mit huit mois pour en faire le siège, mais il y entra vainqueur.

Le château Gaillard conserve encore, malgré son état de ruines, l'empreinte du génie militaire du monarque qui le fit élever, et qui était, dit l'histoire, un homme de guerre consommé; il est placé à l'extrémité d'un promontoire dont les escarpements sont des plus abrupts, et, dans tous les ouvrages encore debout, on ne retrouve aucune trace de sculpture; aucune moulure même n'apparaît, tant on a sacrifié la décoration à la défense. Le château est à double enceinte, dont celle intérieure enveloppe particulièrement le donjon. Cette dernière est une muraille bossuée dont la base s'appuie sur le roc taillé à pic, et présente encore un aspect des plus formidables.

Sous l'aire de la cour, on remarque, taillées dans le roc, de vastes caves dont les voûtes sont soutenues, de distance en distance, par de massifs piliers; des passages souterrains conduisaient aussi, autrefois, jusqu'au milieu de la ville.

Il faisait presque nuit lorsque j'eus fini de visiter ces intéressantes ruines, et j'avais, en descendant, l'imagination pleine d'un autre âge, du monarque qui fit élever la forteresse et tous ses ouvrages défensifs, de Philippe Auguste qui les prit, de Jean sans Terre qui les laissa prendre, et aussi, il faut bien l'avouer, de cette reine adultère, Marguerite de Bourgogne, qui passe pour avoir été enfermée, puis étranglée, au château Gaillard; mais, chose étrange, cette dernière vision ne prenait pas dans ma pensée la forme de l'histoire : c'était la Marguerite de la Tour de Nesle, celle du drame de Dumas, dont l'image me poursuivait. Pour échapper à ces souvenirs trop romantiques et peu dignes des belles ruines que je venais de visiter, je fus revoir une dernière fois encore les vitraux de Sainte-Clotilde. Le remède opéra.

Veuillez agréer, etc.

LÉON CHÉDEVILLE.

---

# III

Rouen, le 23 septembre 1874.

Monsieur,

Celui à qui la ville de Rouen apparaît pour la première fois, ne peut se défendre d'une émotion de respect et de sympathie, car l'histoire de Rouen se lit sur ses monuments, dans ses rues, et s'y lira longtemps encore malgré la résolution des édiles de mettre la cité au niveau des transformations parisiennes et de celles de certaines villes de province.

Quelle que soit l'importance des démolitions opérées déjà, Rouen peut encore avec raison passer pour une des villes les plus curieuses de France; elle conservera toujours, quoi qu'on fasse, un assez bon nombre de ruelles du vieux temps pour que les traditions du passé s'y voient en caractères bien accusés, au grand plaisir des artistes et des savants qui veulent trouver dans une ville ancienne les souvenirs historiques et le charme archéologique des monuments.

Au point de vue des édifices de toutes époques et de tous styles, Rouen est une ville incomparable. On ne peut, lorsqu'on est comme moi limité par le temps, avoir la prétention d'y tout voir, encore moins de tout décrire et de tout dessiner : aussi ne vous entretiendrai-je strictement, Monsieur, que des choses qui m'auront particulièrement frappé et frappé surtout au point de vue de ma profession. Malgré cette précaution restrictive, que de lacunes il faudra volontairement commettre et que de regrets n'éprouverai-je pas en face d'œuvres d'art d'une beauté éclatante, d'une renommée universelle et qu'il me sera seulement donné d'entrevoir !

LA STATUE DE CORNEILLE. — Arrivé à Rouen par le faubourg Saint-Sever, une des premières choses que j'ai vues, en débarquant, est la statue en bronze du grand Corneille, par David d'Angers, qui se dresse majestueusement sur le terre-plein du pont de pierre.

Cette statue est à mon avis une des plus belles productions du grand sculpteur dont l'âme devait être, si l'on s'en rapporte à ce bronze, à la hauteur de celle du vieux Corneille. Le statuaire moderne semble avoir eu à cœur de montrer aux Rouennais un Corneille en chair et en os, d'une belle inspiration, d'un grand caractère, d'une fidélité scrupuleuse et, de plus, merveilleusement composé au point de vue décoratif. En effet, la statue du poëte est arrangée de façon à meubler avec ampleur le piédestal qui la porte et à produire comme lignes générales une forme pyramidale agréable au regard. Pour atteindre ce résultat, l'artiste a placé aux pieds du personnage un siége carré du temps sur lequel pose en partie un manteau magistralement drapé.

La tête de Corneille est magnifique et le geste inspiré; on ne se lasse guère de regarder cette œuvre, dont la réputation est d'ailleurs européenne.

L'ÉGLISE DE SAINT-VINCENT. — La première église que j'ai été à même de visiter est celle de Saint-Vincent, dans le bas de la rue Jeanne-d'Arc. C'est un édifice du quinzième siècle que l'on est en train de restaurer et qui, au moins à l'extérieur, en a fort besoin. J'ai pu le visiter tout à mon aise, piloté à travers les échafaudages par l'architecte chargé de la restauration. C'était là une véritable bonne fortune pour moi, et, grâce à l'obligeance de M. L. Sauvageot, j'ai pu remarquer avec soin plus d'un détail invisible d'en bas et palper, pour ainsi dire, toute cette sculpture vieille déjà d'au moins quatre siècles.

La partie la plus remarquable de l'église de Saint-Vincent est le porche de la façade latérale droite, dont les lignes sont bien entendues et la sculpture bien traitée, mais qui par malheur se trouve dans un état de mutilation faisant peine.

Il est même à désirer que l'on procède promptement à la restauration de ce portail de préférence à d'autres parties moins endommagées et où l'urgence se fait moins sentir. Cette partie, très-incomplète présentement, est facile à restaurer le crayon à la main et l'argent en caisse.

La porte en bois du portail latéral montre des bas-reliefs de la Renaissance, en forme de panneaux qui séduisent par leur verve et leur habile exécution. Les parties inférieures sont purement ornementales et l'on y retrouve les rinceaux et les chimères du seizième siècle; mais celles du haut, inscrites dans une arcade, représentent des scènes de la vie du Christ. On lit à la base l'inscription suivante divisée en deux parties par le trumeau:

VINITE POST ME ET FACIAM VOS
FIERI PESCATORES HOMINVM.

INTÉRIEUR. — L'intérieur de Saint-Vincent est éclatant de couleur et de lumière, car de beaux vitraux du seizième siècle existent à toutes les fenêtres, et ne le cèdent en rien à ceux des Andelys. Ils répandent sur cette architecture du seizième siècle un jour tout particulier, plein d'éclaircies nuancées, de rayons éblouissants. Pour un peu on se laisserait aller là à de certaines visions et l'on est positivement transporté dans un milieu exceptionnel. Cette lumière n'a rien de mystérieux; elle est gaie, même réjouissante, pleine d'éclat et de vivacité, mais elle porte malgré cela à une rêverie mystique dont il est difficile de se défendre.

J'ai vu là maints objets d'un incontestable mérite, mais que l'on doit forcément oublier en présence de ceux qui sont parfaits. Une chose pourtant ne peut être passée sous silence : c'est la décoration du chœur et en particulier du maître-autel, décoration qui étonne par son audace, par sa grandeur imposante et son éclat. Les colonnes du quinzième siècle ont été revêtues sous Louis XIV de trophées et de personnages dorés qui contrastent singulièrement avec l'architecture de l'édifice : le baldaquin, immense dans ses dimensions, est composé d'anges beaucoup plus grands que nature et très-mouvementés, qui produiraient partout ailleurs peut-être un fâcheux effet, mais dont la masse, tempérée ici par l'éclat des vitraux, ne présente rien de sérieusement répréhensible. Il faut même ajouter que si le principe de cette décoration est blâmable au point de vue du goût, on se sent disposé à l'indulgence par la façon dont le sculpteur du dix-septième siècle y a traité les figures, c'est-à-dire de main de maître et avec une audace, une furia qui ravissent.

Les boiseries sont en très-grand nombre dans l'église de Saint-Vincent, mais il en est deux surtout qui sont particulièrement remarquables ; toutes deux sont appliquées aux parois de l'édifice. La première, contemporaine de la porte dont je parlais tout à l'heure, a été sculptée sous François Ier ; mais la seconde, beaucoup plus récente, remonte seulement à l'époque de Louis XIII. L'une et l'autre, si je ne fais erreur, ont été publiées et, pour cette raison, je n'en ai rien dessiné ni rien noté.

Une troisième boiserie, datant du commencement du dix-septième siècle et à laquelle vient s'adosser un confessionnal très-important, mérite aussi d'être signalée. Bien inférieure aux précédentes à l'égard des lignes et de l'ornementation, elle offre pourtant comme particularité des exemples curieux et variés d'arcatures en perspective. Quant au confessionnal, il a le mérite d'indiquer parfaitement sa destination, de présenter des lignes belles et mouvementées et des parties sculptées, un peu lourdes peut-être, mais franchement décoratives. Les balustres de la porte sont remarquables de finesse et d'élégance.

Un autre confessionnal, exécuté à la même époque, mais moins réussi comme moulures, montre quelques panneaux sculptés très-intéressants.

Le buffet du grand orgue se distingue par des proportions colossales : si jamais la lourdeur reprochée souvent aux œuvres mobilières du temps de Louis XIV a été excusable, c'est dans ce buffet où elle a comme correctif une grandeur pleine de majesté. La chaire à prêcher, de même style, est beaucoup moins heureuse.

Que dire des vitraux de Saint-Vincent qui passent avec raison pour des chefs-d'œuvre ? On ne se lasse pas de les regarder, de les admirer. On y retrouve à chaque instant des perfections nouvelles et des beautés que l'on n'avait pas encore aperçues ; je les comparais naturellement à ceux des Andelys dont le souvenir m'était présent et c'est tout dire, il me semble, que de les proclamer supérieurs encore à ces derniers. Toujours est-il que j'ai plus d'une fois regretté, en les contemplant, sculpteur plutôt que peintre, car rien ne me semblait en ce moment au-dessus de l'art du verrier ; mais il y a une telle parenté dans les diverses branches de l'art, que les vitraux de Saint-Vincent sont en réalité propres à inspirer un sculpteur comme un peintre.

En attendant, et quoi qu'il en soit, je fais des vœux pour que des écrivains compétents entreprennent une description fidèle de ces verrières et pour que des artistes habiles les reproduisent par la lithochromie.

En sortant de l'église de Saint-Vincent on jette malgré soi le regard sur une tour isolée du quinzième siècle, faisant partie autrefois de l'église de Saint-André. Ce monument offre la plus grande similitude avec la tour Saint-Jacques à Paris ; mais il paraît moins ferme de lignes et moins fin de sculpture. Rien à faire pour moi.

LA GROSSE HORLOGE, LE BEFFROI, LA FONTAINE DE GAALER. — L'arcade qui porte le double cadran de la grosse horloge fut construite en 1527 sur l'emplacement d'une des portes de la ville ; elle est adossée à la tour du beffroi et c'est à coup sûr de tous les édifices de Rouen le plus pittoresque et le plus populaire ; on voit là une agglomération de quatre monuments soudés, si l'on peut ainsi s'exprimer, les uns aux autres et dont la bizarrerie des lignes et le ton général donné par le temps, viennent s'ajouter à la beauté hors ligne de l'architecture et de la sculpture.

Par où commencer ? je ne le sais en vérité pas, tant j'éprouve d'attraits à contempler chacune des parties de ce groupe surprenant, de cet ensemble dont le plus merveilleux décor d'opéra ne peut donner qu'une bien faible idée.

Voyons d'abord le bâtiment même de la grosse horloge dont la puissante arcade prend la largeur entière de la rue. Jamais la Renaissance, à ce qu'il semble, ne s'est montrée aussi puissante et large dans l'ensemble, aussi précieuse et fine dans les détails.

L'architecte et le sculpteur, deux habiles artistes s'il en fut, ne paraissent avoir éprouvé aucune hésitation ; ils ont laissé courir sans aucun frein, l'un son compas, l'autre son ciseau, et la collaboration a produit un véritable chef-d'œuvre de grâce, d'originalité, de hardiesse. L'œuvre du sculpteur l'emporte toutefois à mon avis et, lorsqu'on passe et repasse sous cette voûte malheureusement trop sombre, on est émerveillé du parti pris décoratif, il est vrai, mais plus encore de l'ampleur et de la perfection de la sculpture.

La voûte est divisée en trois compartiments, dont celui du centre montre le bon pasteur au milieu de son troupeau. Cette figure du Christ en haut-relief, est d'un mouvement un peu heurté, un peu trop dramatique, mais ces légères exagérations sont motivées par l'emplacement où elles se trouvent et par l'obscurité relative de la voûte.

Le pasteur s'appuie vigoureusement sur une houlette qui traverse en diagonale le médaillon tout entier ; un véritable paysage des plus compliqués, chose que je n'aime guère en sculpture, forme le fond de ce bas-relief. Des paysages aux vastes horizons ont trouvé place aussi dans les deux autres médaillons ; mais ils sont accompagnés de brebis paissant çà et là. Les douelles et les moulures de la voûte ont reçu un grand nombre de ces admirables rinceaux prodigués à la Renaissance.

L'arcade est très-ornée, et, au milieu, en forme de clef, se montre le plus charmant cuir ou cartouche que l'on puisse imaginer. Les armes de la ville, c'est-à-dire l'agneau du bon pasteur, sont sculptées au milieu de l'écu, tandis que deux génies de la plus ravissante tournure soutiennent le tout.

La tour du beffroi, tour gigantesque s'il en fut, s'élève, je l'ai dit, à côté de la grosse horloge et, à l'angle de ces deux édifices, la plus charmante petite maison de bois se dresse coquettement et vient décorer d'une façon originale et heureuse à la fois la base de la tour. Cette maison, dont le rez-de-chaussée est en pierre, date aussi de la Renaissance.

3

La tour du beffroi, le bâtiment de l'horloge avec sa voûte et son arcade, et cette coquette maison de bois auraient suffi déjà à former un groupe remarquablement pittoresque et d'un caractère particulier bien tranché; mais les édiles rouennais du siècle dernier ne s'en montrèrent pas satisfaits ; ils voulurent encore qu'un second angle produit par la tour et une maison particulière fût décoré d'une fontaine si jolie cette fois, si gracieuse, qu'elle peut passer à bon droit pour une des plus belles œuvres d'art de cette époque.

Le sujet principal est le chasseur Alphée et la nymphe Aréthuse. Cupidon dans les nuages vient, armé de ses flèches et de son carquois, exciter les deux

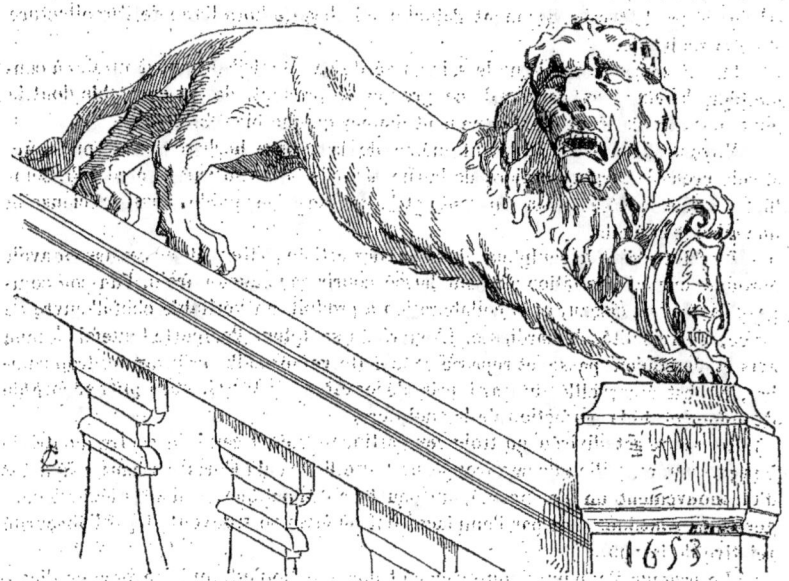

Lion décorant la rampe d'un escalier, rue de la Grosse-Horloge, à Rouen.

amants. Ce groupe en ronde bosse est placé dans une grande niche surmontant la plaque de l'inscription dédicatoire. Quatre pilastres se dressent de chaque côté, rustiques au rez-de-chaussée, élégants au premier étage. Je dis étage, car entre ces pilastres ornés sont ouvertes des fenêtres semblables à celles de maisons ordinaires. Ce petit monument date du règne de Louis XV ; il a été souvent reproduit en gravure ou en photographie, mais il faut le voir sur place éclairé par le soleil, pour s'en faire une idée exacte et sentir jusqu'à quel point une décoration bien comprise et bien exécutée peut émouvoir le spectateur.

À quelques pas de là, dans une maison particulière, on voit un escalier datant de l'époque de Louis XIII, d'un très-grand mérite au point de vue de l'allure et du caractère. On y remarque un magnifique lion occupant la rampe : son geste, sa structure et son exécution m'ont tellement séduit que j'en ai fait un croquis.

MUSÉE DE PEINTURE ET DE SCULPTURE. — La ville de Rouen possède deux musées distincts, l'un consacré aux œuvres de peinture, de sculpture et de gravure, et l'autre, le musée archéologique, renfermant des objets d'art de toutes sortes, depuis l'antiquité jusqu'à nos jours.

Le premier de ces musées est disposé au premier étage de l'hôtel de ville, et l'on y arrive par un de ces escaliers monumentaux à rampe de fer forgé et comme on n'en fait plus guère aujourd'hui.

Une des premières choses qu'on ait à remarquer sur le palier même de l'escalier est le plâtre original de la figure à demi couchée du général Bonchamps, par David d'Angers. On retrouve dans cette figure bien connue de la plupart des sculpteurs toutes les qualités ordinaires du maître qui l'a conçue et exécutée.

Plus haut, accrochée à l'un des côtés de la cage de l'escalier, on remarque une œuvre d'art d'un genre bien différent : c'est un très-riche cadre en bois sculpté et doré du dix-huitième siècle, destiné autrefois à contenir les noms des grand-gardes de la corporation des merciers-drapiers de la ville de Rouen. C'est là un travail d'une certaine importance, à coup sûr, mais d'un mérite contestable, au moins pour certaines parties dont l'ornementation surchargée prend trop de développement.

De chaque côté de ce cadre sculpté sont suspendus deux tableaux de Lemonnier dont l'un surtout, celui de droite, est remarquable à plus d'un titre. Bien composés l'un et l'autre, d'un beau dessin et d'un coloris puissant, ces tableaux du peintre rouennais unissent au bon goût dans la composition, la fermeté du pinceau et la fidélité de l'expression.

Je pénètre maintenant dans la longue galerie où l'on peut voir, mais assez mal éclairés, un nombre considérable de tableaux de maîtres dont quelques-uns peuvent passer pour des chefs-d'œuvre.

Je n'ai pas, Monsieur, la prétention de vous signaler et de décrire chacune des toiles qui ont attiré mon attention ou provoqué mes observations; j'aurais trop à faire, à coup sûr, et je deviendrais promptement, en outre, monotone et fastidieux. Je me borne donc, et cela suffit, à vous nommer Raphaël, Pérugin, P. Véronèse, Tintoret, Ribera, Rubens, Ph. de Champaigne, Rigaud, Jouvenet, Géricault, David, Ingres, Eug. Delacroix, Corot, Daubigny... Un musée qui possède de belles œuvres de tels maîtres peut compter parmi les plus importants des musées de la province.

SCULPTURE. — On devait, c'est de rigueur, retrouver au musée de Rouen, des bustes ou des statues du grand Corneille. Quel est en effet le statuaire normand qui n'ait pas tenté de sculpter au moins un buste du poëte? Jacques Caffieri, né à Rouen en 1634, nous montre un Corneille assis d'un bon mouvement, d'une allure assez majestueuse, mais dont les plis du vêtement sont un peu chiffonnés et heurtés; cette statue est une œuvre de mérite incontestablement, mais elle est loin de présenter le beau caractère de celle de David d'Angers, que l'on voit en bronze sur le pont de pierre et en plâtre dans la salle des pas perdus au palais de justice.

Puisque le nom du grand sculpteur vient de se trouver sous ma plume, j'en profiterai pour passer sans autre transition au buste en marbre de l'archéologue Hyacinthe Langlois, du Pont-de-l'Arche, par le même artiste. C'est là une œuvre magistrale au premier chef. Le sculpteur angevin seul savait fouiller ainsi un œil, lui donner la vie, et masser en même temps des cheveux avec tant d'adresse et de largeur. On ne rencontre pas souvent, il faut bien en convenir, des portraits de cette trempe, et le buste de l'auteur de la *Lisette de Béranger*, Frédéric Bérat, en sait quelque chose, lui qui a trouvé place à côté du portrait monumental de Langlois. Pauvre Bérat ! j'irai revoir ta Normandie, mais je me garderai d'aller revoir ton buste de marbre, merveille de naïveté niaise et de modelé maladroit.

Boieldieu avait-il les cheveux aussi régulièrement frisés, symétriquement bouclés, que M. Dantan nous le dit ? Je le veux croire ; mais il est à regretter que le sculpteur ne se soit laissé aller à un peu plus de désinvolture en ce qui concerne la chevelure. Les arrangements sont permis en sculpture, et le buste du musicien eût gagné à être traité moins fidèlement, moins servilement. Beau masque, du reste, et très-bien modelé.

Je passe devant la *Démence d'Oreste*, par Simart, dont on n'a pas oublié les qualités sculpturales, et j'arrive devant une bacchante de Pradier, qui contemple son beau corps nu avec un regard sans expression et sans vie. C'est une belle personne qui manque d'esprit.

M. Leharivel du Rocher, un de nos bons statuaires modernes, devait avoir, en qualité d'artiste né en Normandie, une œuvre au Musée de Rouen. J'avais déjà vu cette statue en marbre à diverses expositions, et je ne suis pas fâché de la revoir encore, bien que le jeune Éros, contant fleurette à la fileuse, paraisse manquer un peu de grâce et de souplesse.

Une statuette assise de Raphaël, en marbre, par Feuchère, ne donne pas une idée suffisante du génie de ce grand artiste. J'aime à croire que Raphaël avait une autre allure et même un autre visage. O Moïse, sublime statue où le grand Michel-Ange a laissé une si vigoureuse étincelle de son génie, pourquoi a-t-on placé à côté d'une de tes réductions en bronze ce marbre insignifiant de Feuchère ?

Je ne veux pas quitter le Musée de Rouen sous cette impression, et je vais avec empressement dans la salle des maîtres modernes voir encore le buste en bronze d'Armand Carrel, par David d'Angers. Là, au moins, on retrouve la véritable sculpture et des qualités si éminentes qu'elles imposent le respect. Ajoutons, toutefois, que ce beau buste, compris d'une façon puissante et énergique, séduit moins que celui d'Hyacinthe Langlois.

En descendant du Musée, on passe devant la statue en marbre de Géricault, par Etex. Belle pose, mais draperies inachevées et d'un modelé insuffisant. Un bas-relief en bronze, représentant le radeau de la *Méduse*, est fixé dans le socle en pierre du monument, et sur les côtés on a gravé au trait, idée fort ingénieuse, le *Chasseur* et le *Cuirassier* du maître, dont la mort prématurée est à jamais regrettable.

LE MUSÉE D'ANTIQUITÉS DE ROUEN, à l'imitation du Musée de Cluny, à Paris, est entouré d'un square semé de fragments plus ou moins bien conservés d'architecture et de sculpture. Des statues mutilées, provenant de la cathédrale, ont été adossées aux bâtiments mêmes du Musée, sur des piédestaux isolés ; une des portes du monument est même flanquée, à droite et à gauche, de niches très-saillantes, formées de couronnements, de contre-forts, de statues et de pinacles, provenant également de la cathédrale. Il serait téméraire d'affirmer que cet arrangement un peu théâtral de motifs soudés au bâtiment produise un heureux effet ; mais là où nous sommes on peut l'accepter.

On retrouve aussi, adossée à l'un des murs de clôture du square, une façade de maison du seizième siècle, transportée lors des récentes démolitions; elle est parfaitement conservée et des plus gracieuses, à coup sûr. Ainsi disposée, cette façade devient facile à dessiner ou à relever, et il est à souhaiter qu'on agisse de même envers toutes les maisons que les nécessités de la vie moderne condamneront à être abattues.

Parmi les débris variés du moyen âge et de la Renaissance, on est tout étonné de trouver une statue en plâtre de Géricault, entièrement nue et la tête couronnée, enveloppée en partie d'un suaire, et offrant dans son ensemble assez l'aspect d'un revenant sortant de la tombe. On lit sur le socle la signature de Drouet et la date de 1860; mais quelle étrange idée d'avoir ainsi représenté le puissant artiste, et qu'a-t-on voulu exprimer en le représentant ainsi?

Un très-grand nombre des objets d'art du Musée d'antiquités sont disposés sous les galeries d'un cloître du dix-septième siècle, et cette disposition ajoute, on peut l'affirmer, à l'intérêt que les objets offrent déjà par eux-mêmes. On m'assure, et je le crois volontiers, que c'est là une des galeries archéologiques les plus intéressantes qui aient été formées en province.

Une description complète étant chose impossible, je me bornerai à vous entretenir des objets seuls qui m'auront particulièrement impressionné. Dès maintenant, je dirai pourtant que l'arrangement et le classement de cette remarquable collection fait le plus grand honneur au savant abbé Cochet, son conservateur. Tout, sans exception, peut y être étudié avec assurance, et, en ce qui me concerne, je ne puis éprouver que l'embarras du choix.

La cour de l'ancien cloître des Visitandines contient, comme le square, des fragments sculptés en pierre de toutes les époques, depuis l'âge celtique jusqu'au dix-huitième siècle. Ces débris, provenant en grande partie de la cathédrale, ainsi que de divers édifices normands et d'autres provinces, sont là en groupes plus ou moins intacts et convenablement disposés pour l'étude.

Ce qui m'a particulièrement frappé dans cette cour, si artistement arrangée, ce sont d'énormes statues du treizième siècle, d'une simplicité de ligne remarquable et d'un caractère parfois étrange, mais imposant toujours. Ce ne sont pas, bien entendu, les statues originales qui ont été dressées contre chacun des piliers du cloître : ce ne sont que des moulages, mais des moulages soignés et aussi parfaits, sans contredit, que les originaux. Ne pouvant dessiner toutes ces statues, qui proviennent de la cathédrale d'Amiens, j'ai reproduit du moins les plus belles, celles qui sont empreintes d'une simplicité et d'une grandeur incontestables.

Des épis en plomb ont été ajustés de distance en distance, et plus ou moins ingénieusement, sur des pinacles ou amortissements en pierre. Ils datent en grande partie du dix-septième siècle, et laissent à désirer au point de vue de l'élégance et même de l'ajustement. Je n'exercerai pas sur eux mon crayon.

GALERIE COCHET. — Dans la galerie qui porte le nom du conservateur actuel du Musée, on remarque d'abord en entrant une vitrine composée exclusivement de carreaux émaillés et historiés de toutes les époques et de tous les styles, qui, à elle seule, résume fidèlement cette partie intéressante de l'art céramique, et pourrait, au besoin, aider à en retracer l'histoire.

Tout à côté, un fastueux épi en faïence émaillée du seizième siècle, provenant des fabriques de Lisieux, attire le visiteur par l'harmonie des tons et l'élégance des formes.

Des chapiteaux du douzième siècle, provenant de l'abbaye de Saint-Georges de Boscherville, sont remarquables aussi par les personnages jouant de divers instruments qui les décorent, et par des feuillages habilement traités.

Un tabernacle en bois, exécuté en forme de tour élancée ou de flèche, mais trop somptueux à mon avis, attire le regard par sa structure ; je le laisse promptement de côté pourtant, car je deviens de jour en jour, d'heure en heure, plus difficile, et les tours de force décoratifs auxquels le quinzième siècle vous habitue à Rouen, me laissent maintenant assez insensible. Je préfère donc regarder avec

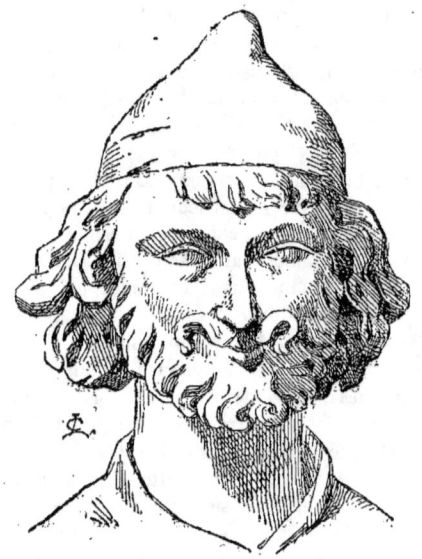

MUSÉE ARCHÉOLOGIQUE DE ROUEN

Tête d'une statue provenant de la cathédrale d'Amiens. — XIIIᵉ siècle.

soin une statuette du commencement du quatorzième siècle, mutilée malheureusement, mais très-jolie et fixée à l'une des parois du mur.

Le couvercle des fonts baptismaux de l'église de Saint-Romain, à Rouen, dont on voit ici le moulage en plâtre, date du commencement du seizième siècle. La forme générale est une sorte de coupole à côtes et à huit pans, ayant reçu par places des scènes admirablement composées et d'une exécution parfaite. Cette coupole est surmontée d'un édicule ajouré, véritable dais soutenu à son tour par des colonnettes, et abritant l'image du Sauveur du monde ; le sommet se termine par un pélican, emblème du sacrifice.

Une croix en pierre de la Renaissance, d'un ajustement assez médiocre, est remarquable cependant par la façon dont a été décoré le fût, auquel est adossé un saint Sébastien, les bras attachés et les jambes rendues immobiles par une entrave.

Salle A. Deville. — La grille en fer forgé, qui ferme la salle Deville, plaît par son arrangement, par ses combinaisons ingénieuses et savantes ; chaque panneau se répète invariablement dans les compartiments en losanges de la grille.

Les époques préhistoriques, l'âge de la pierre, l'âge du bronze, le silex et les fers rongés et rouillés, m'intéressent, je dois l'avouer, médiocrement. Il y a là

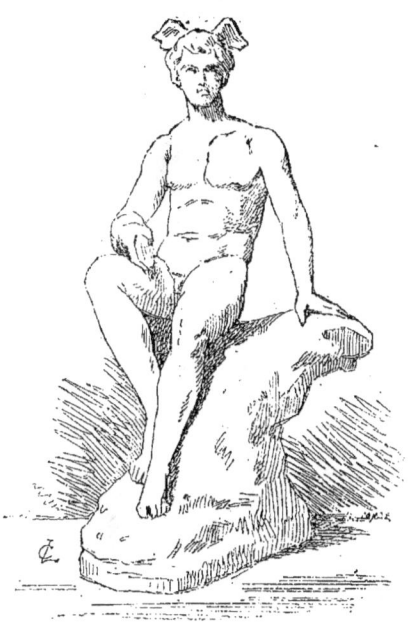

MUSÉE ARCHÉOLOGIQUE DE ROUEN

Statuette en bronze de Mercure.

pourtant des choses bien curieuses à étudier, mais sur lesquelles il est indispensable, pour le faire, de posséder au moins quelques notions préliminaires. Je passe donc à d'autres objets plus familiers à mes études, à mes connaissances restreintes.

Deux petites statuettes et une tête de Silène en bronze antique m'ont tenté entre toutes, et j'en ai fait un croquis. Trois petits vases, également en bronze, ont été retracés, ainsi qu'une sorte de burette étrusque en terre cuite peinte.

Salle de la Mosaïque. — Dans la salle de la Mosaïque, c'est surtout celle-ci qu'il faut regarder. Elle est de grande dimension et fut découverte, en 1838, au milieu de la forêt de Brotone, puis transportée par M. Deville à Rouen, dans la salle où nous la voyons.

La figure centrale de ce monument : Orphée jouant de la lyre, n'est pas des plus heureuses comme dessin ni comme attitude. On doit lui préférer les têtes allégoriques des médaillons d'angle qui représentent les saisons, et surtout la

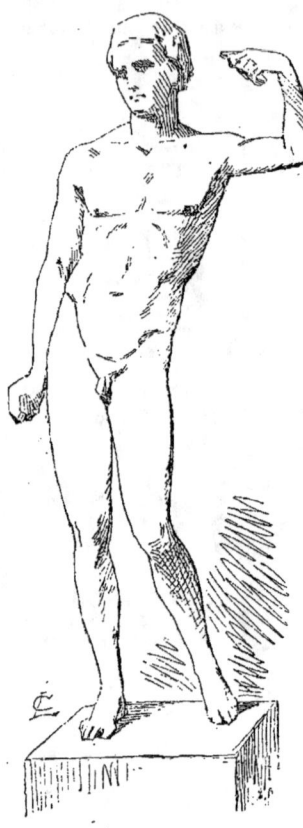

MUSÉE ARCHÉOLOGIQUE DE ROUEN
Statuette antique en bronze.

grande bordure pleine de caractère et de vivacité ornementale, qui encadre ces divers motifs.

Deux statues antiques en marbre blanc, l'une découverte dans les bains romains de Lillebonne, l'autre provenant de l'ancien musée Campana, sont des œuvres dignes de remarque, mais non exemptes de reproches. La première est drapée dans un vêtement assez mollement arrangé, et la seconde pèche par l'excès contraire, c'est-à-dire par des draperies raides et heurtées. .

Sabine, femme d'Adrien, buste en marbre plus grand que nature, présente des qualités sculpturales incontestables. Il doit offrir une image fidèle du modèle, mais il est d'une exécution trop naïve.

En sortant de cette salle, on remarque encore une grille en fer forgé, peu dissemblable de celle que j'ai signalée tout à l'heure, et au moins aussi intéressante.

GALERIE POTHIER. — Je pénètre enfin dans la galerie du Musée où l'on a réuni les plus beaux exemples de faïence de Rouen qu'il soit donné de voir. Quiconque voudra se faire une idée bien exacte des faïences du vieux Rouen, et

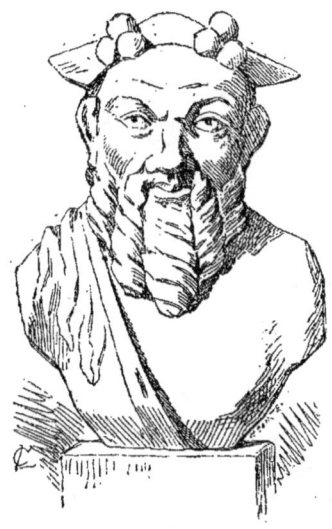

MUSÉE ARCHÉOLOGIQUE DE ROUEN
Buste de Silène en bronze.

de la perfection à laquelle ces fabriques avaient su atteindre, devra étudier l'ancienne galerie Pothier, qui, indépendamment de sa richesse, est classée avec la plus grande méthode et admirablement disposée et éclairée.

Les produits des autres fabriques françaises ou étrangères qui se voient à côté ne peuvent atteindre à l'harmonie et à l'éclat de tons du vieux Rouen, à la beauté de l'émail, à l'originalité du dessin et des compositions. L'une des vitrines contient en grand nombre des pièces fabriquées à l'apogée du style, et devant cet assemblage merveilleux, on ne peut faire autrement que d'éprouver une satisfaction complète.

Viennent ensuite les pièces datant du déclin de la fabrication, et annonçant que la grande industrie céramique rouennaise va s'éteindre. Toutefois, on luttera longtemps encore, et c'est seulement beaucoup plus tard que l'on voit le mauvais goût arriver et la faïence devenir vulgaire, et, pour ainsi dire, grossière.

On voit aussi dans cette galerie des pièces diverses émaillées de très-grandes dimensions, des épis couronnés de fruits, des supports variés, des lions grotesques, etc., qui mériteraient d'être étudiés avec soin; mais, encore une fois, le temps me fait défaut.

GALERIE LANGLOIS. — La pièce capitale de la galerie Langlois est une immense cheminée en bois de la première moitié du seizième siècle, provenant d'une maison de la rue des Maillots, détruite aujourd'hui. Cette cheminée, peinte et dorée, est un véritable monument des mieux compris, et l'exécution en est fort habile.

La hotte, formée d'abord d'une grande ouverture en arc cintré, puis ajourée d'une ouverture plus petite au milieu, montre des scènes sculptées, séparées entre elles par des pilastres, des corniches, des balustres et des ornements découpés d'un entrain remarquable, trop abondants. Une frise charmante et pleine de délicatesse est sculptée à la base du manteau. Comme correctif à toutes ces perfections évidentes, il faut ajouter que la partie inférieure de la cheminée semble avoir été refaite de nos jours, ou, tout au moins, provenir d'une autre cheminée de même époque, car on n'y retrouve ni le bon goût, ni la finesse incomparable des parties supérieures.

Des meubles dits cabinets des quinzième, seizième et dix-septième siècles, des bahuts de toutes sortes et de toutes dimensions, viennent témoigner de l'habileté des artistes de ces époques, et montrer combien leur imagination était féconde et leur goût épuré. Un cabinet surtout, évidé à sa partie supérieure et supporté par quatre gracieuses colonnettes, m'a frappé par l'heureux agencement de ses lignes et la délicatesse de la sculpture. Il a reçu par places des plaques de marbre noir ou veiné, s'alliant parfaitement avec le ton général du meuble et le rehaussant à propos.

Au milieu de cette précieuse galerie, on ne peut s'étonner de rencontrer le portrait de Langlois. C'est encore David d'Angers qui se charge de nous montrer les traits bien caractérisés de l'archéologue normand. Ce n'est cette fois qu'un médaillon; mais ce médaillon ne le cède en rien au buste du musée de l'hôtel de ville, dont j'ai déjà parlé longuement et avec une certaine admiration.

Une des vitrines de cette galerie est composée uniquement d'entrées de serrures du quinzième siècle des plus intéressantes et des plus variées.

Des vitraux de plusieurs époques ont été ajustés aussi sous les arcades cintrées du cloître; parmi eux, il en est d'assez remarquables. Je signalerai surtout celui qui porte la date de 1543, disposé à l'extrémité de la galerie Cochet; conçu tout différemment que les autres, il offre, comme sujet principal, l'écusson de France, soutenu par deux licornes, et dans un autre panneau les armes de la ville de Rouen, soutenues par deux griffons ailés.

ÉGLISE DE SAINT-MACLOU. — L'église si populaire de Saint-Maclou est, de la base au sommet et d'une face à l'autre, une véritable dentelle de pierre, où la sculpture a été tellement prodiguée, qu'aucune place, même la plus infime, n'en a été privée; aussi l'œil est-il passablement inquiet, lorsqu'il envisage cet édifice si admiré des touristes, et dont la flèche centrale, nouvellement refaite, annonce au loin l'étonnante richesse. L'église de Saint-Maclou passe pour un chef-d'œuvre, et je me garderai de le contester. Mais il est des édifices, soit à Rouen, soit ailleurs, qui peuvent lui être préférés sous tous les rapports. Il faut se défier de la tendance que l'on remarque dans la plupart des édifices de Rouen à vouloir étonner quand même, et étaler un faste souvent fâcheux, plein de vanité dans tous les cas, et loin, à mon sens, des conditions essentielles de l'art.

Le porche de Saint-Maclou présente une disposition très-originale, peu commune à ce que je crois. Il est très-vaste et occupe en grande partie la façade principale dont il devient le motif essentiel. Percé de trois immenses ouvertures en arc ogive, il est surmonté de gables ajourés, de balustrades découpées, de statues, de crochets et d'ornements à feuillage, fouillés avec un ciseau patient et exercé.

Je ne veux pas trop m'étendre sur cette trop riche façade du quinzième siècle qui, en définitive, ne montre guère autre chose que ce qu'on voit dans tous les édifices marquants et soignés de cette époque. Je préfère, Monsieur, vous entretenir de monuments d'un autre genre et d'une époque plus récente, aussi célèbres, peut-être même plus célèbres que l'église entière de Saint-Maclou. Je veux parler des fameuses portes en bois sculpté, attribuées à Jean Goujon.

Ces portes sont au nombre de trois : les deux premières à la façade principale et la troisième à la façade latérale de gauche.

Le plus grand de ces monuments de menuiserie et de sculpture occupe l'ouverture du milieu de la façade principale ; il est à deux vantaux percés chacun à la base d'un guichet pour le passage quotidien des fidèles. Voilà pour la disposition générale. Il s'agissait, une fois ce cadre adopté, de décorer, et de décorer surtout d'une façon splendide, chacun des vantaux ; il faut avouer qu'architecte et sculpteur s'en sont tirés à merveille.

Le guichet proprement dit, avec poignée en bronze à hauteur de la main, est encadré de moulures ornées et de cartouches relativement simples ; un second cadre entoure cette partie de la porte que vient couronner une forte corniche à consoles.

Cinq statuettes posant sur la corniche et faisant office de cariatides supportent un cadre dont le milieu est un médaillon. Au sommet une statuette en ronde bosse, dont les bras sont soutenus par des anges, représente, à l'un des vantaux, Dieu le père, et à l'autre Dieu le fils.

Deux figures assises aux angles complètent ce couronnement ; elles sont munies d'attributs. Les parties comprises entre le grand corps de moulures des vantaux et les motifs dont je viens de parler, sont comblées dans la partie inférieure, par une chute de fruits, un peu lourde d'arrangement et d'exécution, et par quatre vertus : la Foi, la Justice, la Charité, la Paix, disposées dans des niches. Ces statuettes sont d'une jolie tournure et d'un grand caractère ; mais elles sont empreintes d'un peu de lourdeur comme exécution, et si je n'étais en présence de monuments célèbres, et obligé conséquemment à une réserve excessive, j'oserais dire que l'exécution tout entière de la porte témoigne d'une verve incontestable, d'une habileté de ciseau surprenante, mais qu'il n'est pas difficile de rencontrer, soit à Rouen, soit ailleurs, des ornements et des figures aussi soignées d'exécution, plus caressées, mieux comprises.

Le monument, dans son ensemble, gagnerait-il à être parfait d'exécution ? Je ne le pense pas, et il suffit en fin de compte que toute la décoration soit bien agencée, d'un bon mouvement, les plans bien compris et bien gradués, pour qu'on s'empresse d'oublier un léger défaut, si toutefois c'en est un.

Dans la partie supérieure, au milieu de cartouches ornés, on voit quatre personnages bibliques : Hénoc, Élie, Moïse, Gédéon et quatre figures allégoriques, parmi lesquelles on remarque la Loi.

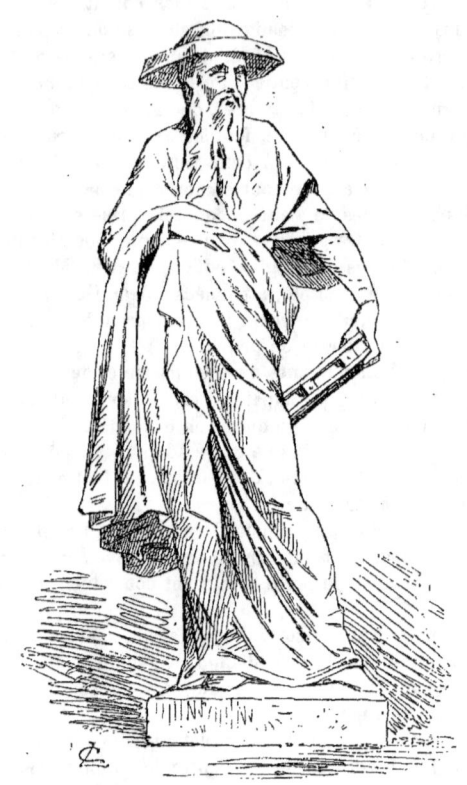

ÉGLISE DE SAINT-MACLOU, A ROUEN

Statuette en haut-relief de l'une des portes. — XVIᵉ siècle.

L'un des médaillons circulaires représente le baptême du Christ et l'autre la Circoncision. Ce dernier nous paraît supérieur et d'une composition mieux ordonnée.

En résumé, cette grande porte centrale est assez bien conservée, et pour quelques têtes et quelques mains manquant çà et là, l'ensemble n'en est pas moins très-complet et d'un immense intérêt. Ce qui me frappe le plus en face de cette œuvre (disons chef-d'œuvre), indépendamment de la beauté de la composition, c'est l'entente des saillies et la volonté raisonnée de sacrifier franchement certains motifs. Aussi chaque vantail, pour être couvert de figures et d'ornements variés, laisse néanmoins clairement apparaître les grandes lignes, les masses principales de la décoration.

Passons à la seconde porte de la façade faite d'un vantail unique et qui présente une disposition presque identique à la précédente, mais où les figures et les ornements sont variés. Le guichet, beaucoup plus chargé que le précédent, est encadré de fortes moulures ornées au milieu desquelles sont disposées deux très-beaux cartouches séparés par un heurtoir en bronze d'une vigueur surprenante.

Une corniche à quatre consoles couronne ce guichet en servant de base à quatre cariatides portant un cadre rectangulaire, offrant une scène tirée de l'histoire. Des écoinçons formés par les moulures du médaillon et par le cadre proprement dit, sont comblés par des masques variés sortant d'entrelacs assez originaux.

Le sommet de la porte est occupé par une main entourée de flammes et d'anges voltigeant au milieu des nuages. Deux figures ailées s'appuient à l'angle du cadre, et les huit montants sont occupés à la partie supérieure par des cariatides assez mal arrangées, à mon sens, plus mal sculptées encore, et dans tous les cas bien loin de la perfection de certaines autres parties de la porte. Ces cariatides supportent deux figures dont l'une est le grand prêtre Aaron et l'autre, un personnage appuyé sur son épée, et qui doit être un législateur guerrier du peuple hébreux.

Deux autres personnages sont sculptés plus haut entre des faisceaux d'ornements, délicieux comme arrangement et d'une exécution irréprochable.

Citons aussi entre les quatre cariatides dont j'ai parlé plus haut, et qui sont en ronde bosse, trois autres figures en bas-relief, élégantes au possible, admirablement drapées et très-soignées d'exécution.

Dans toute cette porte les figures en question sont ce qui se rapproche le plus du faire de Jean Goujon, et l'on y retrouve à un certain degré plusieurs des qualités qui ont placé le maître français de la Renaissance à une si grande hauteur dans le monde des arts.

La troisième porte, placée à l'une des faces latérales, est divisée en deux par un trumeau à colonnette feuillagée sur le chapiteau de laquelle se dresse la statue de la Vierge abritée par un dais. Cette porte est à deux vantaux, dont les parties inférieures sont percées d'un guichet, littéralement couvert d'ornements. Les panneaux du centre, divisés entre eux par un magnifique heurtoir en bronze, large et puissant de forme, sont composés d'arabesques un peu lourdes inspirées des eaux-fortes de Virgile Solis. Une vigoureuse corniche, ornée de consoles et de têtes de chérubins, surmonte ce guichet, et sert de base à quatre cariatides admirablement composées, d'une tournure majestueuse, mais d'une exécution lourde et quelque peu négligée. Des médaillons circulaires avec cadre richement orné contiennent comme sujet, l'un le transport de l'arche d'Alliance et l'autre le triomphe de la reine de Saba.

Ce dernier bas-relief me semble un chef-d'œuvre de composition et d'arrangement, et les personnages y sont pour la plupart très-expressifs et traités de main de maître. Malheureusement, dans cette porte, comme à la précédente, il manque plusieurs des têtes et la compréhension du sujet en devient moins facile.

Tout au sommet sont assises deux figures couronnées représentant l'une, le roi David, et l'autre, Salomon.

La vierge du trumeau étonne par son allure et par une hardiesse de conception des plus caractéristiques; le bras droit qui doit poser sur une sorte de tablette, absente à cette heure, devait donner à la statuette entière un aspect des plus élégants et légèrement pyramidal : présentement, cette statue semble hors de l'axe du trumeau, c'est-à-dire un peu déjetée. Ornements et statuettes ne sont évidemment pas dus au ciseau de Jean Goujon, mais il se pourrait qu'il en eût fourni les modèles et que ceux-ci, exécutés en bois par quelques-uns de ses élèves, n'aient pu conserver les qualités d'exécution toujours remarquables, dans les œuvres authentiques du maître. En résumé, je ne crois pas les trois admirables portes de Saint-Maclou sorties des mains de Jean Goujon; mais ce sont, malgré tout, des œuvres d'un rare mérite, qu'on ne saurait trop étudier sous tous les rapports.

La troisième porte de la façade n'existe pas, et j'ignore si elle a jamais existé. Il serait question, nous affirme-t-on, de la refaire dans l'esprit des anciennes. Il faut faire des vœux pour que cette idée prenne corps et qu'il soit donné de constater si notre époque est capable de produire une œuvre de cette valeur artistique.

Je ne veux pas me laisser aller à parler longuement de l'extérieur de Saint-Maclou. Je me bornerai à mentionner quelques statues, décapitées malheureusement, mais d'un faire si puissant, si habile, qu'on regrette vivement leur mutilation, et une fontaine ayant, comme motif central, un cartouche en très-mauvais état.

INTÉRIEUR. — L'intérieur offre cette singularité que la flèche s'élevant au transept apparaît dans presque toute sa hauteur. C'est là une disposition peu commune si je ne fais erreur, qui mérite d'être signalée et me semble préférable à la concavité d'une coupole.

On retrouve ici l'arc triomphal dont sont dotées la plupart des églises de Rouen, arc qui se dresse à l'entrée du chœur et n'ayant guère pour but que de masquer très-malencontreusement le triforium et les vitraux du chœur. Cet arc gigantesque porte un Christ en croix, d'un parfait mauvais goût et exécuté comme toute la sculpture de ce travail, à une échelle impossible, hors de toute proportion. Le dix-septième siècle a commis cette œuvre anti-artistique, mais bien digne des nuages et des rayons dorés appliqués aux colonnes du chœur, comme au baldaquin de l'autel.

Le mobilier de Saint-Maclou est très-remarquable, le buffet d'orgue notamment attire l'attention par sa construction et par sa décoration du commencement de la Renaissance: ce n'est pas une œuvre irréprochable, mais c'est au moins un fort beau travail qui gagne à être regardé attentivement.

On arrive à la tribune de ce buffet d'orgue par un escalier en pierre du quinzième siècle, inscrit dans une cage découpée dont aucune description ne peut donner une idée tant la décoration est abondante et recherchée. C'est là encore un de ces tours de force dont je parlais précédemment et dont la vue fatigue à la longue et ne peut causer qu'une satisfaction incomplète.

Quelques boiseries, des chapelles, des rétables surtout sont assez réussis, mais trop riches et appartenant tous au dix-septième siècle. Les bancs d'œuvre datent de Louis XV et présentent un curieux échantillon de la sculpture rococo de cette époque. Ce n'est pas absolument laid, ni même mal exécuté, mais on les quitté sans regret pour regarder un petit bénitier en pierre placé à l'entrée de l'une des portes latérales et donnant une silhouette charmante, des moulures savamment arrangées et décorées.

L'Aître Saint-Maclou. — Le cloître de Saint-Maclou, désigné le plus souvent sous le nom d'*Aître Saint-Maclou*, est très-vaste et entourait autrefois le cimetière ou charnier de ce nom. C'est une très-originale construction en bois et pierre, devenue, avec le temps, remarquablement pittoresque. On y voit quatre galeries divisées par des colonnes mutilées pour la plupart, ornées de cannelures à la base et de personnages au milieu. Ces personnages figurent une danse macabre, où l'on remarque en première ligne un empereur, puis un roi, un connétable, un seigneur drapé dans son manteau, un personnage en habit de cour, un autre en manteau de cérémonie, un seigneur en habit civil, un page, un cardinal légat, un évêque, un abbé de bénédictins, un abbé crossé, un religieux chartreux, etc., etc.

Les traverses ou linteaux sont surchargées de têtes de morts, de clochettes, de fémurs en sautoirs, de cercueils, de croix, de pelles et de pioches, de toutes choses, en un mot, à l'usage des trépassés. Un étage règne au-dessus de la galerie.

On ne peut quitter ce monument funèbre, consacré aujourd'hui à des écoles tenues par des religieuses, sans regretter amèrement la mutilation des sujets sculptés aux flancs des colonnes et de la plupart des fins chapiteaux qui les terminent.

Veuillez agréer, etc.

LÉON CHÉDEVILLE.

IV

Rouen, le 5 octobre 1874.

MONSIEUR,

La façade principale de la vaste église de Saint-Ouen était restée inachevée. C'est de nos jours, c'est-à-dire il y a une trentaine d'années au plus, qu'on eut la pensée de terminer la basilique du quatorzième siècle, en y ajoutant le triple porche et les tours absentes. Disons tout de suite que, dans toute cette façade du dix-neuvième siècle, reproduisant le style du quatorzième, on ne retrouve pas les qualités sculpturales des parties anciennes. Il y a là sous ces portiques immenses des statues de toutes dimensions qui sont loin de valoir celles des façades latérales. L'ornementation y sent légèrement la fabrique et le regard se fatigue à voir la monotonie de certains feuillages répétés invariablement sur des longueurs immenses et avec une régularité désespérante; conclusion : cette façade est gigantesque et pourtant tout y semble petit et mesquin.

J'ai cru remarquer aussi, en ce qui concerne la statuaire, quelques légers anachronismes. Un assez grand nombre de figures, qui devraient posséder le caractère du quatorzième siècle, sont traitées comme des figures du douzième. Vingt et une statues ont été confiées à un même artiste et sont signées de lui. C'est là, à n'en pas douter, une belle page pour un statuaire, et celui auquel elle est échue méritait de l'obtenir; mais n'eût-on pas évité, au moins en partie, les erreurs que je signale, en confiant à des ciseaux divers ces vingt et une statues d'apôtres et de saints?

Ce qui m'a séduit particulièrement à l'extérieur de l'édifice, c'est le porche vraiment colossal ajouté à la façade latérale de droite : il est impossible, semble-t-il, de rencontrer plus de science et de hardiesse de construction jointes à autant d'habileté décorative.

Une sorte de salle capitulaire à deux étages ajoutée à ce porche ne lui cède en rien comme perfection.

La sacristie, élevée à la façade opposée, mérite aussi une mention particulière, et se fait remarquer par l'originalité des contreforts qui épaulent ses murs.

Je n'ai pas encore vu grand'chose dans cette belle ville de Rouen si peuplée de monuments de toute sorte, et je commence pourtant à être comme fatigué de tant de richesse. J'éprouve aussi de sérieux embarras devant un monument aussi colossal que Saint-Ouen, par exemple, et je constate avec peine que je dois à peu près me contenter de l'admirer. Il faut s'adresser à des œuvres plus modestes pour avoir à exercer fructueusement son crayon.

INTÉRIEUR. — Quelle admirable nef que celle de Saint-Ouen, et combien l'homme semble petit et chétif à côté de ces immenses colonnettes et de ses voûtes prodigieuses !... Existe-t-il en France d'autres vaisseaux aussi vastes et aussi imposants? Je l'ignore; toujours est-il que je suis singulièrement ému en foulant les dalles brisées de la vieille basilique et en la parcourant du portail principal aux chapelles de l'abside.

Les verrières de Saint-Ouen datent toutes du quatorzième siècle et ont été refaites ou restaurées de nos jours. L'orgue est un de ces puissants buffets comme le dix-septième siècle en faisait. Il ne dépare pas trop l'entrée de la nef où il est fixé, porté par de vigoureuses colonnes en pierre.

La chaire à prêcher est une œuvre moderne faite, il y a une vingtaine d'années, sous la direction de l'abbé Choyer. Elle est en bois de chêne et d'une somptuosité telle qu'à la fin je n'osais plus la regarder. Peut-être aussi avais-je hâte de contempler les belles grilles en fer forgé et tôle repoussée qui servent à clore le chœur. Il me paraît difficile de voir le fer travaillé avec plus d'habileté et de goût: les feuilles de tôle reproduisant des feuillages mouvementés sont partout si parfaitement, si heureusement appliquées qu'elles semblent faire corps avec les rinceaux de fer qui leur servent de tiges.

Les grilles du chœur de Saint-Ouen sont monumentales, et elles ont, vous ne l'ignorez pas, Monsieur, une réputation européenne. Cela tient, en grande partie, à l'emploi dans les lignes générales, dans la structure de formes architecturales, c'est-à-dire de pilastres avec leurs bases de chapiteaux supportant des architraves et de tout un corps de moulures disposé en corniche. Le remplissage est formé de ces arabesques de fer, dont je parlais tout à l'heure, avec application de fleurons et de feuillages en tôle.

A la partie supérieure, le couronnement est fait d'un immense motif qui surprend par sa largeur et la perfection de la main-d'œuvre ; des espèces de pots à feu en fer et tôle également se dressent sur la corniche de chaque côté du motif principal.

On ne produit que difficilement aujourd'hui de ces tours de force de ferronnerie, et lorsqu'il y a quelques années un architecte éminent fit exécuter la grille d'entrée du parc Monceaux, à Paris, il s'inspira, à ce qu'il semble, des clôtures de Saint-Ouen, mais il se garda avec raison de les copier servilement et de les imiter dans des errements flagrants, mais qu'on n'ose pourtant blâmer.

Après avoir parlé des magnifiques ferronneries de Saint-Ouen, je n'ose rien dire de deux tombeaux modernes qui se voient à droite et à gauche, dans la chapelle de la Vierge, où l'on remarque une arcature découpée, sans gâble, dont la forme n'a pas dû beaucoup s'employer au quatorzième siècle, si tant est qu'on l'ait jamais employée.

Dans une sorte de chapelle funéraire disposée dans le transept de gauche, une ouverture très-richement décorée montre dans sa voussure principale huit statuettes assises et surmontées de dais, qui sont autant de petits chefs-d'œuvre. On aurait bien dû s'inspirer de ces dernières, il y a trente ans, pour sculpter les statues et statuettes de la façade principale. Mais pourquoi, tout à côté de ces sculptures d'un style si pur et d'une si habile et si correcte exécution, voit-on de hideuses statues en plâtre peint, produisant un contraste des plus fâcheux et donnant une pauvre idée du goût de notre époque! Elles disparaîtront un jour, cela est certain, mais encore eut-il mieux valu ne pas les placer là.

LA CATHÉDRALE. — La cathédrale de Rouen passe pour une merveille, et de fait elle étonne le spectateur. Il est difficile, en effet, de rencontrer un édifice de cette époque digne de lui être comparé. Il faut un temps considérable pour l'examiner avec soin, tant à l'intérieur qu'à l'extérieur, et encore ne peut-on être certain de ne rien omettre. C'est tout un musée de sculpture, où statues, statuettes, scènes sculptées, rinceaux et feuillages en bas-reliefs, ou en ronde bosse, se voient en nombre considérable.

La façade principale peut captiver le spectateur, mais elle peut difficilement le ravir : trop de profusion, trop d'infinis détails s'y rencontrent pour que le regard puisse être entièrement satisfait. Des parties restées inachevées viennent répandre aussi sur cet ensemble une certaine défaveur.

Les deux hautes tours d'angle, par exemple, y jouent un rôle décoratif important, et contribuent singulièrement à donner au panorama de la cité cet aspect que nulle autre ville ne présente en France.

Le quinzième siècle règne en maître sur toute cette façade, à l'exception des deux petits portails, à droite et à gauche, qui datent des plus florissantes années du moyen âge, je veux dire des toutes premières années du treizième siècle. Le gigantesque portail du milieu, dont un arbre de Jessé des plus surprenants décore le tympan tout entier, les voussures de ce portail, avec ses niches, ses dais et ses statuettes, sont de véritables dentelles de pierre (vieille expression), et un de ces chefs-d'œuvre qu'on se fatigue aisément de contempler, car la décoration, pour être prodiguée, manque, il me semble, de grandeur et de vérité. Cela représente, il est vrai, une somme de temps considérable, une patience inépuisable et, dans

4

tous les cas, une grande volonté des maîtres de l'œuvre et des artistes secondaires; mais on doit préférer de tous points, et sans hésitation, à ces stalactites de pierre, à ces avalanches sculptées, admirables pourtant, lorsqu'on les regarde partiellement, la sobriété relative et le calme sévère des deux portes du treizième siècle.

La porte en bois de ce trop riche portail est une œuvre de la Renaissance qui laisse apercevoir, à l'encadrement des panneaux, de fines et gracieuses arabesques, où le ciseau atteint le maximum de l'habileté; mais, à quoi bon tant de finesses et de prodiges d'exécution, si le tout n'est pas conçu dans des proportions agréables, et si l'échelle des détails n'est pas en harmonie avec l'ensemble? Un fait semble venir à l'appui de la critique que je me permets: les hirondelles, trouvant dans les innombrables refouillements des voussures à se loger en toute sécurité, y suspendent leurs nids en si grand nombre, qu'un grillage de fer, sorte de voile immense, a dû être jeté sur toute la partie supérieure du portail: les nids arrivaient à se confondre avec la sculpture, et à rendre cette dernière absolument illisible.

Le petit portail de droite est plein d'ampleur et de sévérités raisonnées: l'ornementation y joue un rôle considérable; mais, comme elle est constamment à sa place et ne gêne en rien les lignes principales, on n'a pas à en regretter l'abondance. Les parties inférieures ne sont malheureusement pas arrivées intactes jusqu'à nous; elles sont même tellement rongées par le temps, qu'on n'en voit plus guère que la masse, chose d'autant plus regrettable que tout y était remarquable et d'une grande perfection.

Le portail de gauche est presque semblable au précédent comme lignes générales et comme dimensions, mais les ornements et les sujets sculptés ne sont pas, bien entendu, les mêmes; ce n'est pas au treizième siècle que l'on recule devant la variété et les changements dans le détail. Il y a là des sujets symboliques qu'il serait curieux de chercher à expliquer: la science archéologique me faisant défaut, je laisse à de plus érudits le soin de faire le jour sur ces figures, si ce n'est fait déjà. Je préfère dessiner un vigoureux rinceau qui règne tout le long d'un des pieds droits de la porte, contempler de temps à autre le tympan représentant Hérodiade dansant devant Hérode et demandant, pour prix de ses talents et de ses grâces, la tête de saint Jean-Baptiste.

PORTAIL DE LA CALENDE. — Le portail de la face latérale, désigné sous le nom de portail de la Calende, date en grande partie de ce beau quatorzième siècle, majestueux dans les lignes et prodigieux dans le détail. Une arcade immense, s'élevant à une hauteur surprenante, se dessine entre deux tours d'une certaine simplicité, appartenant l'une et l'autre au treizième siècle.

Cette arcade est séparée des tours par deux contreforts gigantesques où, de la base au sommet, les décorations moulurées, l'ornementation et la statuaire sont véritablement prodiguées.

Le gâble ou pignon terminal a reçu, abrité par une série de dais en pyramides, le couronnement de la Vierge, si fréquemment employé à cette époque dans la décoration des édifices religieux. Le Christ et sa mère sont entourés d'anges et portés par des nuages d'un aspect peu décoratif: ceci n'est pas très-grave et passe en quelque sorte inaperçu au milieu des somptuosités du portail; mais pourquoi faut-il apercevoir, lorsqu'on s'éloigne pour mieux juger de l'effet de cette belle et pittoresque façade, la flèche moderne en fonte et inachevée, sorte de cage immense formant un si fâcheux contraste avec le reste de l'édifice? A cette même face latérale on remarque encore un très-joli portail du treizième siècle et une salle capitulaire d'un grand caractère. Ces choses finissent par faire oublier la flèche, heureusement.

PORTAIL DES LIBRAIRES. — Ce portail est peu différent de celui que je

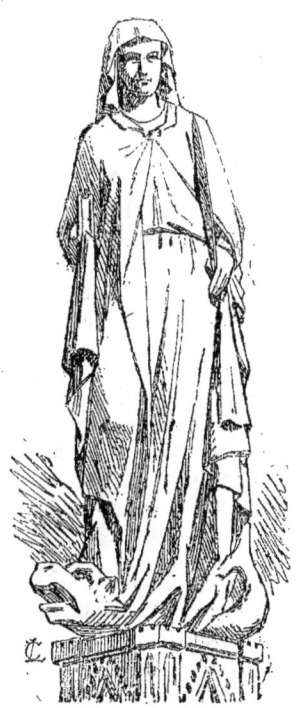

CATHÉDRALE DE ROUEN
Une des statues du portail des Libraires.

viens de décrire; toutefois, il offre un aspect tout autre, à cause de la cour si étonnante qui en ferme l'accès. Cette cour est close du côté de la rue par un portique composé de deux ouvertures cintrées à la base, et de parties évidées, découpées et étrangement riches au sommet. L'un des côtés de la cour est formé d'un des corps de bâtiment du palais archiépiscopal; l'autre partie, percée au premier étage de six belles ouvertures, appartient à l'ancien cloître du chapitre dont les façades se voient dans une seconde cour; c'est dans ce corps de logis qu'était renfermée autrefois *la librairie*, désignée, de nos jours, sous le nom de bibliothèque : de là le nom de portail des Libraires.

On est ici en plein pays féerique, et les habiles décorateurs modernes, qui nous ont habitués, au théâtre, à des compositions si surprenantes et si vraies parfois, n'atteindront jamais à la réalité que l'on a sous les yeux dans la cour des Libraires. De chaque côté de cette splendide porte latérale, couverte de statues, de scènes sculptées, de rinceaux, de crochets et de découpures, on a répété, mais sans aucune ouverture par exemple, et avec des variantes sensibles dans le détail, le parti pris décoratif du portail et son aspect même ; c'est donc de la décoration dans toute l'acception du mot et que rien ne venait motiver d'une façon absolue, sinon le désir d'obtenir un grand effet d'art, chose à laquelle on a complètement réussi. Hélas ! combien on s'aperçoit, en face de ces richesses architecturales, que la plume est impuissante et le crayon plus impuissant encore ! Les gens passés maîtres en l'art du dessin,—ou en l'art d'écrire,—ne peuvent en donner qu'une faible idée ; le relevé le plus fidèle, le plus complet et présenté à une grande échelle ne suffirait guère non plus.

Passons aux détails maintenant, et signalons, sur les parois décorées de la cour, quatre statues de saintes, grandeur de nature, d'une exécution parfaite, d'un caractère remarquable, où l'on ne trouve rien à critiquer, rien à désirer. J'ai reproduit d'un crayon, malheureusement impuissant, deux de ces statues.

A la base du portail, on remarque, comme à celui de la Calende, une série de médaillons inscrits dans des quadrilobes, et qui sont autant de petits chefs-d'œuvre.

J'ai cru devoir exercer encore mon crayon sur deux de ces médaillons en bas-relief. On remarque sur la porte en bois, au milieu de pentures en fer forgé du treizième siècle, une traverse en bois composée d'une série de têtes grotesques toutes inscrites dans des quadrilobes et empreintes d'un véritable talent d'observation et d'une grande finesse d'exécution. Les écoinçons formés par chaque lobe du cadre montrent des animaux variés dans les postures les plus singulières.

INTÉRIEUR. — L'architecture de la nef est plus sévère et plus majestueuse, à n'en pas douter, que celle de l'église abbatiale de Saint-Ouen, et, pourtant, l'effet produit n'est pas aussi satisfaisant. Les voûtes sont fort élevées, mais les piliers, flanqués de colonnettes, offrent au regard une certaine monotonie, ces colonnettes étant à peu de chose près de même dimension ; on aimerait à en voir de petites à côté de plus grosses ou de plus élancées, ou bien alors, comme à Notre-Dame de Paris, de vigoureuses colonnes couronnées d'amples chapiteaux.

Dans les bas côtés, un effet des plus singuliers se produit par l'assemblage de colonnettes disposées en encorbellement à chaque pilier et destinées à supporter une sorte de chemin de ronde, remplaçant assez désavantageusement le triforium, qu'une cathédrale comme celle-ci ne pouvait faire autrement que de posséder. Cette galerie, ou chemin de ronde, comme je viens de le désigner, offre une certaine similitude avec la galerie qui relie les piliers de la nef et du chœur dans l'église de Saint-Étienne-du-Mont à Paris. Dans cette église, par exemple, les colonnettes en encorbellement sont remplacées par des consoles enveloppant la moitié de la colonne.

Les chapelles latérales offrent toutes, ou à peu près, des particularités méritant d'être signalées. Ainsi, dans la première chapelle à droite, vaste salle disposée sous la tour, on voit des sarcophages de la Renaissance, dont les statues qui les terminent laissent à désirer comme exécution.

Dressées dans le mur, à l'entrée de la chapelle, on remarque aussi deux magnifiques pierres tombales en pierre de liais, représentant, au simple trait, l'une un prêtre en habit sacerdotal, et l'autre un seigneur du temps. La seconde chapelle est fermée par une grille en fer forgé du règne de Louis XIII et de très-bon goût, quoique simple dans ses combinaisons.

Dans la sixième chapelle à droite, on voit un retable du dix-septième siècle également, et une boiserie ou lambris peint du plus beau caractère. La neuvième

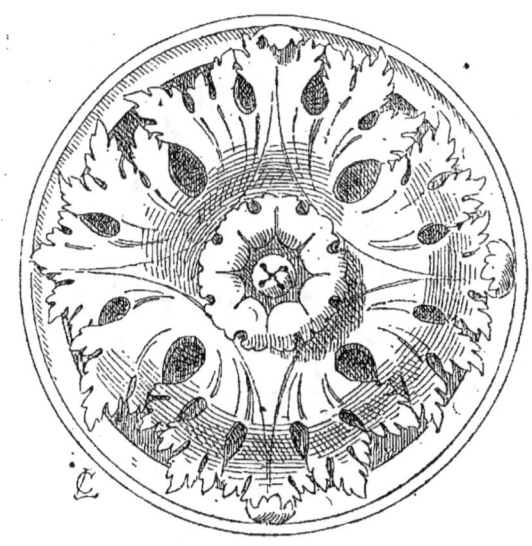

CATHÉDRALE DE ROUEN

Tombeau du cardinal d'Amboise. — xvie siècle. — Rosace du plafond.

contient la tombe d'un personnage du treizième siècle ayant subi de nombreuses restaurations.

Les chapelles de gauche sont moins intéressantes : comme mobilier, on y remarque d'assez laids confessionnaux, des boiseries et des retables très-souvent médiocres; quelques-unes de ces chapelles ont, en revanche, conservé intact le caractère de l'époque qui les vit élever et c'est là un fait à noter.

Dans le transept de gauche existe un escalier en pierre, dont les lignes mouvementées et la décoration pleine de caractère attirent vivement l'attention.

Au chœur, tout près de la chapelle de la Vierge, se voit, sous une arcade du dix-huitième siècle, le tombeau de l'évêque Maurice. Il offre cette particularité d'être caché en partie, mais d'une façon très-ingénieuse et voulue, par l'arcature du quatorzième siècle régnant tout autour du chœur.

CHAPELLE DE LA VIERGE. — Me voici dans la chapelle de la Vierge, musée funéraire d'un haut intérêt, à lui seul aussi vaste qu'une église ordinaire. C'est là, fixé à l'une des travées, que l'on peut voir ce chef-d'œuvre de la Renaissance française : le tombeau du cardinal Georges d'Amboise. Cette œuvre, prodigieuse dans toute l'acception du mot, est éclatante de richesse, et, comme si le marbre n'était pas encore matière assez précieuse, on l'a, par place, rehaussé d'or.

Les gravures ou les photographies de ce tombeau sont fort répandues ; chacun

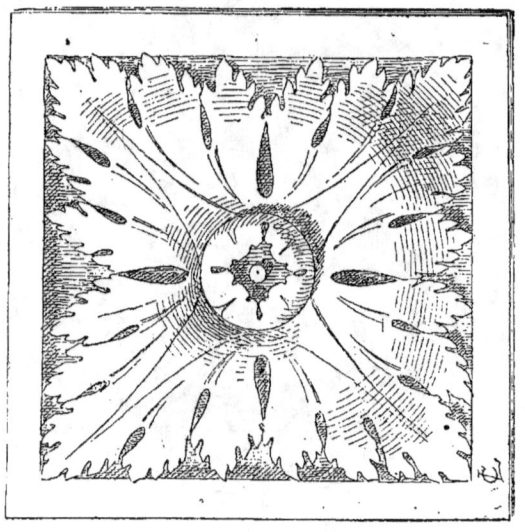

CATHÉDRALE DE ROUEN

Tombeau du cardinal d'Amboise. — XVIᵉ siècle. — Rosace du plafond.

sait, par conséquent, que jamais monument de ce genre n'atteignit mieux à la perfection de main-d'œuvre et à la profusion de bon aloi qu'on ne se lasse pas d'y contempler.

Les statues agenouillées du cardinal et de son frère sont fort belles, mais la première me semble de beaucoup supérieure, tant par le caractère, que par une ampleur sculpturale sans seconde. Des vertus sont disposées dans les niches du centre, et entre celles-ci, sur d'élégants pilastres, se dressent de toutes petites statuettes de moines agenouillés. Saint Georges, patron du cardinal, occupe plus haut une place d'honneur au milieu d'autres saints personnages. Les douze apôtres ont trouvé place dans des niches, au dais orné, et des saints, exécutés dans des dimensions plus restreintes, ont pris place entre ces derniers.

Ce n'est pas sans regret qu'on se résigne à quitter ce chef-d'œuvre, dont la renommée est universelle, et, pour mon compte, j'aurais passé volontiers des

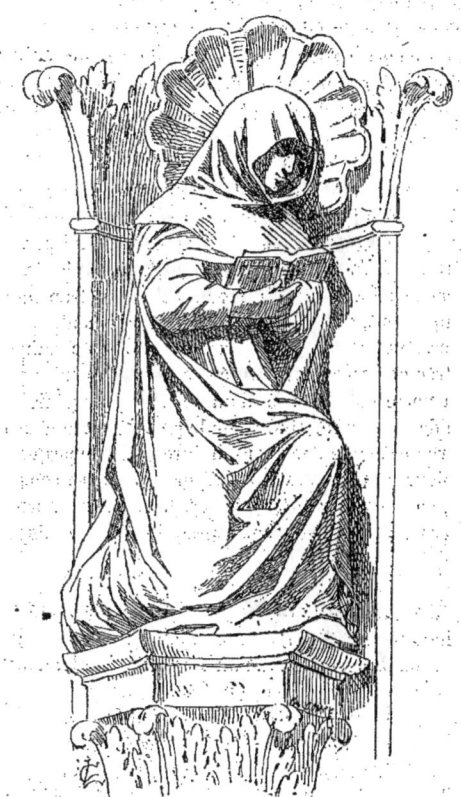

CATHÉDRALE DE ROUEN
Une des statuettes du tombeau du cardinal d'Amboise. — XVIᵉ siècle.

journées entières à le contempler, nul édifice ne pouvant donner une aussi haute idée de la Renaissance française et de l'art en général.

En face de ce monument de marbre et d'or, on voit le tombeau du sénéchal de Dreux-Brézé, mari de Diane de Poitiers. Presque aussi connu que le précédent et maintes fois aussi reproduit par la gravure, il est conçu dans un ordre d'architecture tout autre et avec des principes décoratifs fort différents. Il est en marbre varié et de provenances diverses. Les colonnes, les corniches, les architraves, ainsi que le sarcophage proprement dit, sont en marbre noir, décoré par places de minces filets d'or. Sous une arcade cintrée se dresse la statue équestre du sénéchal, tandis qu'à la base du monument, son image, privée de vie et nue, est étendue sur le sarcophage.

Cette dernière statue, de grandeur naturelle, est attribuée, mais à tort, à Jean Goujon. C'est une très-belle œuvre, dont les qualités sculpturales sont incontestables, mais qui n'offre rien du faire bien caractéristique de l'illustre sculpteur.

Sous deux avant-corps, portés à la base par des colonnes, et à la partie supérieure par des cariatides, on remarque, d'un côté, la Vierge tenant l'enfant Jésus, et de l'autre la veuve éplorée du défunt, la belle Diane, qui finit pourtant, on le sait, par se consoler et oublier complétement le sénéchal dans les bras d'un puissant prince. Cette Vierge et la statue de la sénéchale sont loin d'être parfaites; l'une et l'autre sont empreintes d'une lourdeur regrettable. Deux grands cartouches, contenant des inscriptions, sont remarquables comme ajustement. La statuaire, à l'exception de la figure couchée du sarcophage, laisse beaucoup à désirer et paraît bien inférieure à l'ornementation ; comme exemple, je citerai les quatre cariatides de la partie supérieure du monument, qui, trop mouvementées pour l'office qu'elles remplissent, sont voisines du déhanchement.

Je ne veux pas omettre, avant de quitter cette vaste cathédrale, de signaler dans le chœur l'entrée des sacristies, fermée par une clôture en pierre somptueusement travaillée. La porte en fer forgé, d'un dessin fort ingénieux, a conservé son heurtoir et l'entrée de la serrure. Une seconde porte, dont le couronnement est une arcature trilobée avec crochets dans les moulures, est remarquable par la fermeté des lignes et l'ampleur de la décoration. La porte en bois a conservé ses peintures du treizième siècle, sa poignée, l'entrée de serrure et deux énormes verrous gravés au ciseau. Toutes ces ferronneries étant reproduites, je me dispense d'en faire un dessin.

L'Hôtel du Bourgtheroulde. — Après avoir visité la cathédrale, j'ai voulu voir un édifice purement civil, habitation privée d'un grand seigneur du seizième siècle. Je veux parler de l'hôtel du Bourgtheroulde, dont la renommée est grande, et qui restera longtemps encore un admirable sujet d'études pour l'artiste aussi bien que pour l'antiquaire. La construction en fut commencée, vers la fin du quinzième siècle, par Guillaume Leroux, et terminée, assez longtemps après, sous François I<sup>er</sup>, par l'abbé d'Aumale et du Val Richer, son fils.

Ce n'est pas de l'extérieur que l'on peut juger favorablement de l'hôtel du Bourgtheroulde. Il faut, pour le bien voir, pénétrer dans la cour où l'on retrouve encore, malgré d'assez nombreux changements, une décoration tellement surchargée et abondante, qu'aucune partie des façades n'est privée de sculpture. La salamandre royale, sculptée à l'un des trumeaux du premier étage, indique que toute cette partie de l'édifice fut achevée sous François I<sup>er</sup>. Une tourelle hexagone, servant de cage à l'escalier et coiffée d'une élégante toiture en ardoise, montre encore un épi en plomb de la plus étonnante richesse. Placée à l'angle du corps de logis, cette tourelle, flanquée aux angles de contreforts, montre à chacune de ses faces et à chacun des étages des scènes pastorales en relief d'une grande naïveté, et dénotant chez l'architecte de l'hôtel, ou tout au moins chez son premier possesseur, un grand amour des choses champêtres. Est-ce là de belle et saine décoration? Assurément non, et c'est plutôt, il me semble, comme chose curieuse et étrange qu'il faut considérer cette tourelle et l'hôtel tout entier.

Les lucarnes, à la naissance des combles, conçues et exécutées avec une certaine lourdeur, produisent une véritable dissonance avec le reste de la décoration. Quant à la galerie, élevée sous François Ier, mais de quelques années moins âgée que le reste du logis, elle semble préférable sous tous les rapports. Elle est composée de six ouvertures en arcs surbaissés, séparées par des pilastres ornés d'arabesques très-saillantes.

La partie inférieure ou socle a reçu, comme décoration, d'abord des rinceaux d'une grande beauté, mais bien mutilés aujourd'hui, et ensuite cette entrevue historique de Henri VIII et de François Ier au camp du Drap d'Or, dont il a été tant parlé. Exécutés, à mon avis, avec plus de naïveté que de science réelle, ces bas-reliefs sont précieux surtout au point de vue des costumes du temps, qu'ils montrent avec une scrupuleuse vérité.

L'attique de la galerie présente, en six scènes différentes, le triomphe de Jésus-Christ. Tous ces bas-reliefs sont, on ne peut le contester, très-curieux et très-remarquables. Mais méritent-ils les longs et minutieux examens qui en ont été faits par les savants et les archéologues, et que tout le monde a pu lire? Je réponds volontiers non.

J'ajoute que deux de ces bas-reliefs de l'attique sont presque entièrement détruits et les autres tellement salis et détériorés par les injures du temps, qu'il devient très-difficile de les étudier avec fruit.

FONTAINE DITE DE LA PUCELLE. — En face de l'hôtel du Bourgtheroulde est érigée, à la mémoire de Jeanne d'Arc, la fontaine remplaçant celle qui datait du quinzième siècle et à peu près contemporaine de l'héroïque jeune fille. Elle date du règne de Louis XV; le piédestal, de forme triangulaire et concave, est décoré aux angles d'énormes dauphins un peu lourds, mais très-monumentés. Quant à la statue couronnant le piédestal et qui n'est guère en rapport avec lui comme proportion, elle est médiocre et montre l'héroïne française, comme on la comprenait sous Louis XV, c'est-à-dire peu fidèle par le costume et peu agréable par le naturel de la pose; elle tient d'une main son casque de forme antique et de l'autre une longue épée; appuyée sur son bouclier, elle ressemble assez à une nymphe mythologique. En résumé, ce monument du dix-huitième siècle est une œuvre assez médiocre, où le piédestal est trop lourd et la statue étrange pour ne pas dire plus. — Stoldi fecit, 1755.

Sur cette même place on remarque, à l'angle de la rue Saint-Georges, les restes d'une église en grande partie du quinzième siècle. Je dis les restes, car le tout est dans un piteux état de délabrement. Cette petite église sert actuellement d'écurie et de grenier à fourrages. Dans tout autre ville on pourrait se scandaliser de voir un édifice religieux ainsi transformé; mais, à Rouen, on est en présence d'une telle quantité de monuments du culte, que cet état d'abandon ne choque en vérité pas trop.

La façade de cette église, datant de la fin du quatorzième siècle, devait être charmante; elle montre actuellement une maison particulière agencée au côté gauche de la façade.

J'ai remarqué, en me dirigeant vers Saint-Patrice, rue Sainte-Croix-des-Pelletiers, et tout auprès d'une église du quinzième siècle, une fontaine de l'époque de Louis XIII, qui n'est pas dépourvue de qualités. Un cartouche très-refouillé est disposé entre deux pilastres ou gaînes que relie une corniche à moitié engagée dans une construction. Ce petit monument, d'un bon goût incontestable, dénote en outre une abondance de bon aloi et un entrain décoratif véritable.

Rue Saint-Patrice, on aperçoit, au fond d'une cour, un fronton de façade, couronnement de deux ouvertures, qui cause de l'effroi par la façon dont il est surchargé et par la puissance et l'audace des ornements, grossièrement exécutés au reste, qui le couvrent en entier. Cet ancien hôtel est de même époque et de même style que celui qui est habité tout auprès par les pères de la Société de Jésus. Mêmes agencements décoratifs, même lourdeur et même grossièreté dans l'exécution. Un architecte unique a dû concevoir ces œuvres, où je ne vois rien à reproduire par le dessin.

ÉGLISE DE SAINT-PATRICE. — Il ne faut guère voir dans l'église de Saint-Patrice que les verrrières du seizième siècle qu'elle a conservées. Peu différentes de celles de Saint-Vincent, dont j'ai parlé déjà, j'ai entendu des artistes les préférer à ces dernières. Elles sont tout aussi éclatantes, mais d'un dessin laissant parfois à désirer; elles paraissent en outre avoir subi de notables réparations dans certaines parties.

Sur un des vitraux représentant l'épisode si connu de la vie de saint Hubert, on lit la date de 1543. Dans le vitrail voisin, où l'on a figuré une Annonciation, c'est surtout la représentation de meubles de toute nature qui est à considérer; ces parties très-développées sont traitées avec une science considérable et un charme entraînant. La troisième verrière du transept montre les divers épisodes de la vie de saint Louis, et, là aussi, la décoration architecturale joue un rôle important dans les fonds.

Deux boiseries du quinzième siècle, de la plus surprenante finesse d'exécution, ont trouvé place sous les verrières de Saint-Patrice. Ajoutons en terminant que le maître-autel est abrité par un baldaquin gigantesque, plus remarquable par ses dimensions que par son bon goût.

ANCIENNE ÉGLISE SAINT-LAURENT. — Les voitures de remise sont bien logées à Rouen! elles ont trouvé place dans l'ancienne église Saint-Laurent, qui depuis longtemps a cessé d'être appropriée au culte. J'ai déjà dit que, dans la capitale de la Normandie, il n'était pas rare de voir des édifices importants et d'un certain mérite artistique avoir la destination la plus vulgaire. Saint-Laurent, avec sa magnifique tour du quinzième siècle, plus riche que la tour Saint-Jacques à Paris, et d'une silhouette moins sèche, méritait mieux que d'être utilisée à un remisage et à des écuries.

La silhouette accusée et mouvementée des combles de cet édifice déclassé, la pénétration ingénieuse de ses contre-forts, le pittoresque de l'ensemble et des détails, a dû tenter plus d'un aqua-fortiste, et je regrette pour mon compte de ne l'avoir pas vu encore figurer dans une de ces belles eaux-fortes où nos artistes modernes semblent exceller.

LE LYCÉE CORNEILLE. — Le portique du lycée de Rouen est une œuvre monumentale s'il en fut, et où ce qu'on est convenu d'appeler le grand règne se montre dans toute sa hardiesse. Une masse carrée terminée par un très-grand fronton et percée au milieu d'une ouverture trop haute pour sa largeur, voilà ce qui frappe au premier examen. Le couronnement de la porte proprement dite est composé de deux anges énormes soutenant un écusson sur lequel l'emblème de Louis XIV a trouvé place, surmonté d'une couronne. Certaines parties de cette composition ne manquent ni de science, ni d'habileté, mais il y a confusion, il me semble ; et les palmes qui viennent s'ajouter à l'écusson sont bien contournées et trop volumineuses. Pourquoi aussi les nuages, au milieu desquels les chérubins ont trouvé place, empiètent-ils sur les moulures de l'archivolte ? c'est là une de ces hérésies décoratives que l'on supporte difficilement.

Le tympan de la porte est en bois et orné d'attributs artistiques et scientifiques. La porte en bois est privée de toute sculpture.

Le gnomon, cadran solaire monumental, érigé sous Louis XV, dans le square de Saint-Ouen et dont un médaillon forme la partie principale, est une de ces œuvres mouvementées de l'époque, comme on en rencontre encore parfois. Une arcade rustique, en forme de niche, est surmontée d'une aiguille ou pyramide sur laquelle on a gravé le cadran. Une figure du temps, dramatiquement drapée et portée par des nuages, tient en sa main un sablier ; puis, une figure personnifiant la navigation semble regarder l'heure qui s'écoule ; voilà l'ensemble de l'œuvre. Toute cette sculpture est dramatique et légèrement prétentieuse ; elle rappelle, mais de très-loin, comme style et comme faire, le monument du maréchal de Saxe que l'on voit à Strasbourg. Pigalle a eu des émules à Rouen.

Église de Saint-Vivien. — La petite église de ce nom offre cette particularité à l'extérieur, que la façade est composée de trois pignons percés chacun d'une immense fenêtre à meneaux dont celle du milieu est cachée en partie par un porche ajouté après coup. Ce porche, sorte de masure en mauvais état et sans aucun style, mais ancien pourtant par la base, est d'une construction médiocre. On peut supposer qu'il ne devait pas avoir d'étage et laissait visible en entier la belle fenêtre du milieu. Deux pignons sont du quatorzième siècle, mais le troisième est de la fin du quinzième.

L'église de Saint-Vivien est relativement laide à l'intérieur ; on y constate des manques évidents de proportions ; ainsi les bas côtés, comme cela est indiqué déjà de l'extérieur, sont beaucoup trop vastes. Quelques-unes des fenêtres ont conservé leurs vitraux. Dans la chaire à prêcher la cuve seule est remarquable, mais le buffet d'orgue est exempt de toute critique. Que dire aussi de cet arc contourné hors d'échelle avec tout ce qui l'entoure, s'appuyant sur les colonnes de la nef et dont le motif est de montrer au sommet un immense crucifix ? Cet arc de triomphe ridicule fait tache dans cette église déjà médiocre, et l'on éprouverait assurément quelque satisfaction de le voir disparaître à tout jamais.

La Croix-de-Pierre. — La fontaine dite de la Croix-de-Pierre vient d'être entièrement refaite dans le style du quinzième siècle. Ce petit monument n'est autre chose qu'une flèche d'église de petite dimension dans laquelle on a percé à la base une ouverture pour l'écoulement des eaux. Inutile de dire que c'est riche et même trop riche. Ce n'est pas ainsi, il me semble, que l'on doit comprendre l'agencement et la décoration d'une fontaine publique et monumentale. Il est vrai qu'on n'est plus au quinzième siècle.

La Croix-de-Pierre a été réédifiée avec le plus grand soin par l'architecte de la cathédrale, M. Barthélemy.

L'ANCIEN BUREAU DES FINANCES. — On désigne sous ce nom la belle maison située en face de la cathédrale et convertie aujourd'hui en magasin de nouveautés. Malgré des mutilations sans nombre, cette maison peut passer pour une des plus remarquables qui existent dans la vieille cité normande. L'ossature, les lignes principales en sont vigoureuses, fermes, bien comprises, et la sculpture, très-abondante, large et facile d'exécution, ne détruit pas les belles lignes qui l'encadrent. Moulures et profils y sont traités de main de maître.

Dans son état primitif, le bureau des finances pouvait passer pour un chef-d'œuvre d'architecture; mais, aujourd'hui que toute la partie inférieure a été défigurée, que les meneaux de la partie supérieure ont été enlevés, que les lucarnes ont disparu pour faire place à de hideuses boîtes couvertes d'ardoises, et que des enseignes en lettres gigantesques et de toutes couleurs s'étalent audacieusement tout le long de la façade, il devient difficile d'en apprécier l'importance passée et le mérite. On m'affirme qu'elle va bientôt disparaître, grâce au nouvel alignement projeté par les édiles. Ce serait là un fait bien regrettable au point de vue de l'art, mais qui trouvera son correctif, sans doute, dans le transport de la façade aux jardins du musée archéologique.

LE CLOÎTRE DE LA CATHÉDRALE. — Je ne puis faire autrement de dire deux mots du cloître de la cathédrale adossé à l'une des façades latérales. Cette construction du treizième siècle, remarquable par son aspect de fermeté et par une décoration bien comprise, est aujourd'hui en assez mauvais état. Les ouvertures du rez-de-chaussée, allant de contre-fort en contre-fort, étaient ornées de meneaux compliqués dont on retrouve encore les traces. Des fenêtres ogivales éclairent l'étage, et le tout se termine par une très-belle balustrade ajourée. Ces bâtiments sont, à vrai dire, une sorte de ruine; mais, même en contemplant cette construction délabrée, j'éprouve une véritable satisfaction d'être en face d'une belle œuvre d'art et de voir que cette œuvre n'appartient pas à ce quinzième siècle fastueux, dont la ville de Rouen est littéralement inondée.

LE PALAIS DE JUSTICE. — Je voudrais bien ne pas quitter Rouen sans dire au moins un mot de son fameux Palais de Justice, si vanté et tant visité par les étrangers; mais, devant cette forêt de sculpture et après l'indigestion de quinzième siècle que je viens d'avoir, je ne sais que dire en vérité, sinon que j'ai hâte de voir des édifices plus sobres et moins flamboyants.

Veuillez agréer, etc.

LÉON CHÉDEVILLE.

V

Paris, le 20 octobre 1874.

MONSIEUR,

En quittant la ville de Rouen, je suis allé tout d'une traite à Dieppe, ville de bains par excellence, et de longue date patrie des sculpteurs ivoiriers. Après avoir si longtemps parcouru les rues et ruelles d'une cité populeuse, dessiné et pris des notes dans les musées et les églises, il m'a paru agréable de respirer à pleins poumons l'air salin des bords de la mer, d'errer comme un désœuvré sur la magnifique plage de la ville peuplée de baigneuses et de baigneurs élégants. La mer, cette immensité, a le don de tout faire oublier en face d'elle ; aussi, suis-je resté là quelques jours, pensant à peine aux belles choses que je venais d'étudier et à mille lieues, à coup sûr, des musées et des églises de Rouen. Quand j'apercevais de temps à autre le sommet du clocher de l'église Saint-Jacques, je disais : Il y a là une église, riche et belle entre toutes, renfermant des merveilles de sculpture et des objets d'art d'une grande valeur ; et cette église, c'est à peine si tu l'as parcourue, à peine si tu l'as regardée. Les remords commençaient à apparaître ; mais le cinquième jour, je prenais crayons et album, et je gravissais d'un pas résolu les échafaudages de l'église Saint-Jacques que l'on restaure à cette heure : j'avais vaincu. Le soir, pourtant, les notes prises, l'album enrichi de quelques nouveaux croquis, je regagnais avec bonheur la plage afin de me délecter encore au grandiose spectacle des falaises abruptes et de la mer en fureur.

La première œuvre d'art que j'aperçus, en arrivant à Dieppe, est la statue de Duquesne, marin célèbre, dont la ville est fière. On lit sur le socle le nom de Dantan aîné ; cette signature d'un artiste de mérite n'empêche pas de constater combien l'allure de ce marin à l'eau de rose, je parle de la statue, et par trop gentilhomme, offre une vague parenté avec le mousquetaire d'Artagnan.

L'ancien château de Dieppe n'est guère que l'ombre de ce qu'il a été ; il présente bien encore une silhoutte accidentée, des bâtiments en avant-corps, des tourelles aux angles et des combles d'agencement pittoresque, mais tout cela attire médiocrement l'attention.

ÉGLISE DE SAINT-REMI. — Au premier abord l'église de Saint-Remi ne paraît pas très-séduisante : cependant, lorsqu'on pénètre à l'intérieur, on revient un peu de cette première impression.

La façade est de style Louis XIII et un peu lourde ; mais elle saisit toutefois et procure aux regards une certaine satisfaction, tempérée, il est vrai, par les parties qui prêtent le flanc à la critique. Les colonnes fort saillantes et surmontées de puissants frontons, de corniches vraiment colossales projetant de larges ombres, dessinent un effet qui, pour n'être pas absolument correct, n'en est pas moins remarquable.

L'intérieur de Saint-Remi est encore de ce quinzième siècle normand qui semble me poursuivre partout ; mais ici, il y a compensation : disgracieux et laid, l'on n'éprouve aucun scrupule à le critiquer.

J'ai remarqué, sur l'un des murs des collatéraux, une clôture du commencement du quinzième siècle d'une très-grande richesse, mais non d'un très-bon goût. C'est une des chapelles de l'abside que l'on a murée et décorée ainsi pour en faire une sacristie. Cette décoration est assez ingénieuse ; mais elle pêche vers le haut par l'inhabileté de l'exécution.

Le couronnement, composé de balustres très-ornés, accolés à des pilastres, est complété par une ornementation découpée ; des figurines, nues pour la plupart, mais dans un mauvais état, se dressent au sommet de chacun des balustres. La clôture date de 1538.

Une autre clôture de même époque, mais beaucoup moins somptueuse, ferme d'un côté la chapelle des catéchismes ; elle est percée en son milieu d'une porte et de deux autres ouvertures à droite et à gauche, bouchées en partie par une colonne. Les pilastres couverts de rinceaux sont d'un goût exquis.

Les deux façades latérales de l'église Saint-Remi n'offrent rien de particulier à signaler, si ce n'est au transept un portique composé de deux ouvertures cintrées et terminé par un fronton. Au sommet, l'écoinçon est décoré d'une tête de chérubin tellement exagérée, qu'elle en est hideuse : le reste du portail est assez vulgaire.

A l'extérieur, la chapelle de la Vierge est monumentale et d'une décoration qui plairait assez si elle n'appartenait aussi au quinzième [siècle. Deux des chapelles voisines construites en briques, nous ne savons pas à quelle époque, donnent plutôt l'idée de forteresses que de chapelles.

ÉGLISE DE SAINT-JACQUES. — Cette église paroissiale a les dimensions d'une cathédrale, et si l'on rencontre des édifices religieux aussi vastes, on en rencontre peu, en revanche, qui soient aussi chargés de sculpture. Les églises de Rouen qui devraient habituer pourtant à la profusion, se laissent distancer par celle-ci, où la décoration atteint des proportions effrayantes.

La façade principale est de plusieurs époques, mais en grande partie du quatorzième siècle, à l'exception de l'immense tour d'angle, en entier du siècle suivant.

Le portail principal a beaucoup souffert pendant la révolution et son tympan jadis couvert de sculpture a été complétement rasé. Cette regrettable mutilation nuit évidemment au bon effet de la façade. Quelques parties, inachevées à la base, ne sont pas faites non plus pour satisfaire les critiques ; mais en revanche la partie supérieure, dont une vaste rose occupe le centre, est un tissu, un fouillis de sculptures, où le regard ne peut jamais tout découvrir, tout embrasser. Et pourtant, les masses en sont bonnes et, ce portail éclairé par le soleil, les ombres portées en viennent nettement dessiner l'ossature.

Dois-je parler du *saint Jacques*, appliqué au trumeau de la porte centrale ? Il serait évidemment préférable de n'en rien dire, à moins que ce ne soit pour émettre le vœu d'un remplacement immédiat. C'est là une œuvre d'une médiocrité telle qu'on n'hésitera pas à la faire disparaître prochainement, il faut l'espérer.

FAÇADE LATÉRALE DE DROITE. — La façade latérale en question échappe à toute description, et l'on y constate le comble, le *nec plus ultra* de la profusion décorative. Nul repos pour le regard, nulle partie sacrifiée, si ce n'est le transept qui, de date plus ancienne, se trouve un peu moins surchargé de sculpture. Ce

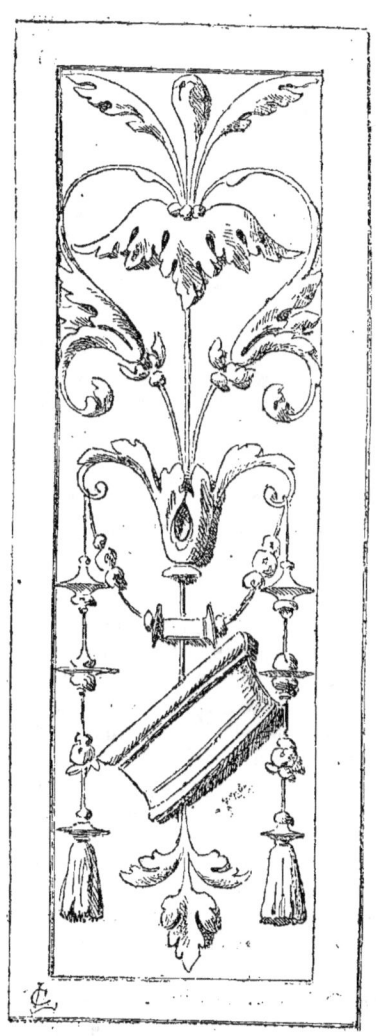

ÉGLISE SAINT-JACQUES DE DIEPPE

Rinceaux des pilastres de la chapelle Ango. — XVIᵉ siècle.

transept, remontant au treizième siècle, est tellement mutilé, qu'il devient difficile d'y trouver des formes et même, par places, des lignes.

Un habile architecte de Paris, M. Ad. Lance, a commencé la restauration de l'église Saint-Jacques ; une notable partie en est déjà refaite et bien refaite ; mais que de choses encore à compléter et combien, si l'on veut restaurer partout la belle et plantureuse sculpture rongée d'une façon si déplorable, ne faudra-t-il pas de talent, de temps et d'argent !

L'abside est composé, d'abord et comme toujours, de la chapelle de la Vierge dans l'axe de l'édifice, puis de quatre autres chapelles de la Renaissance qui ravissent, ou plutôt raviraient, par leur merveilleuse richesse, si elles n'étaient dans

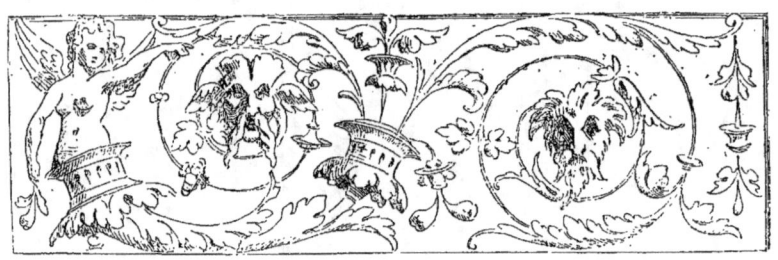

ÉGLISE SAINT-JACQUES DE DIEPPE

Chapelle Ango. — Rinceau de la frise. — xvi<sup>e</sup> siècle.

un état de délabrement désastreux ; le temps a su mettre un correctif brutal à cette trop grande profusion ; il a rongé sans vergogne toutes ces fines et élégantes sculptures et les a comme réduites en poussière. J'aurais été heureux de pouvoir dessiner un des contreforts des chapelles absidales, ornés de pilastres, de statues et de dais ajourés, mais c'était chose absolument impossible ; il aurait fallu faire œuvre de restauration et mon audace ne va pas jusque-là.

A la chapelle de la Vierge, éclairée par de grandes baies, on remarque, aux pinacles de couronnement, des chimères habilement sculptées, pleines de hardiesse et de caractère.

La façade de gauche est peu dissemblable de celle que je viens d'examiner, et, à l'exception d'un porche qui s'adosse au transept, je ne vois rien de particulier à indiquer. Ce porche, de même que le portail, est fort mutilé et à l'unisson du reste de l'église, qui peut passer pour un modèle en ce genre.

INTÉRIEUR. — L'intérieur de l'église Saint-Jacques est fort beau, cela est incontestable. Les voûtes de la nef sont très-élevées et les proportions des travées élégantes : nef et bas-côtés sont du quatorzième siècle. La partie supérieure du chœur et les chapelles sont seules du quinzième siècle ou de la Renaissance. Un fait doit être noté à propos de ces chapelles ; toutes sont garnies de clôtures en pierre savamment découpées, mais trop abondantes de décoration.

L'une de ces clôtures, celle qui existe à la chapelle du Christ au tombeau, et où les marins accomplissent leurs vœux, dépasse toute imagination.

Le triforium de la nef et du chœur ne règne pas sans interruption comme cela a lieu ordinairement. Chaque travée montre un trumeau plein, et dans la triple arcature des parties ajourées, une balustrade fort ornée, disposée à hauteur d'appui.

La première chapelle du bas-côté de gauche contient un rétable en bois doré de l'époque de Louis XIII qui, pour n'être pas exempt de tout reproche, n'est pas non plus dénué de mérite. Malheureusement, il paraît avoir été remanié à diverses reprises et perd ainsi son véritable caractère. Certains détails pourtant, et même les lignes de l'ensemble, peuvent être étudiés avec fruit.

ÉGLISE SAINT-JACQUES DE DIEPPE

Rinceaux des pilastres de la chapelle Ango. — XVIᵉ siècle.

Dans la chapelle des fonts baptismaux on constate une décoration particulière, et l'arcade par laquelle elle communique avec les bas-côtés est aussi beaucoup moins large et beaucoup plus haute que les voisines. De plus, les parois sont couvertes de riches fenestrages flamboyants, entre les meneaux desquels sont taillées des consoles faites pour recevoir des statues. Tout cela serait assez décoratif si l'autel n'était flanqué à droite et à gauche de deux anges agenouillés, de dimensions colossales et hors d'échelle avec le reste.

La chapelle qui vient ensuite est formée de trois travées ordinaires couvertes de peintures murales et d'un autel dix fois trop riche. De petits navires de toutes dimensions, ex-voto de marins en détresse, sont suspendus à la voûte et donnent à cette chapelle un aspect étrange et légèrement fantastique.

Nous voici devant la clôture et devant la porte de la sacristie, véritables chefs-d'œuvre des premières années de la Renaissance, que l'on ne peut guère faire autrement que d'admirer. C'est là, dans toute l'acception du mot, une débauche de sculpture et de moulures de toutes sortes; mais cette débauche atteint à un degré de splendeur et de perfection telles, qu'on est ému en sa présence. Le jubé de la cathédrale de Chartres peut, seul, être comparé à cette partie de l'église Saint-Jacques de Dieppe; seul, il montre autant de finesse dans le détail, autant de verve dans l'ensemble. On ne décrit pas un monument de ce genre; on ne le

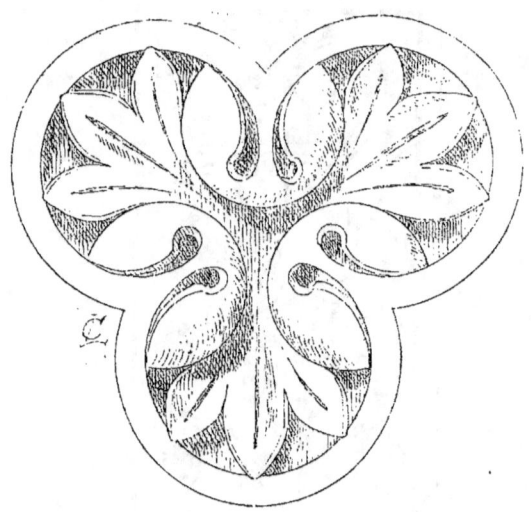

ÉGLISE ABBATIALE DE FÉCAMP

Trèfle feuillagé dans l'une des chapelles. — XIIIᵉ siècle.

dessine pas non plus; on se borne à le contempler, à l'admirer. Le crayon serait en effet bien impuissant à rendre cette clôture somptueuse qui, partant du sol, atteint à la hauteur des voûtes sans laisser à nu le plus petit espace.

La chapelle de la Vierge est très-vaste et tout entière d'un quinzième siècle qui frise la Renaissance; déjà les dais sculptés à chaque trumeau, et qui devaient abriter des statues absentes aujourd'hui, sont conçus et exécutés dans ce style. Les verrières ont été refaites pour la plupart. En résumé, cette chapelle, presque entièrement à claire-voie, est une œuvre des mieux réussies de cette époque, et, tout compte fait, on n'a qu'un reproche à lui adresser : elle est trop riche, elle est trop belle.

Les piliers de l'entrée de la chapelle de la Vierge ont reçu à leur base des plaques fort ornées contenant au centre une inscription. Ces petits monuments, contemporains de Louis XIII, ne sont pas dénués de tout mérite.

C'est auprès d'eux que l'on voit la chapelle dite d'Ango, exécutée au seizième siècle, aux frais du célèbre armateur de ce nom, dont le château existe encore en partie à Varengeville.

On juge difficilement de l'effet qu'elle pouvait produire, car elle est dans un triste état ; mais on peut affirmer sans crainte que c'est là une des plus délicates choses que la Renaissance ait produites.

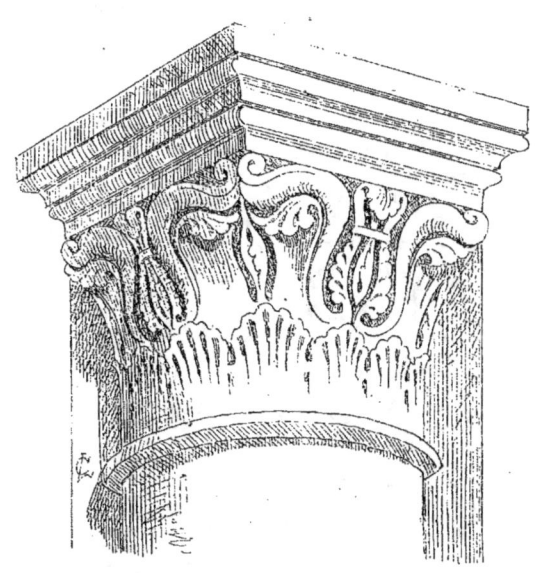

ÉGLISE ABBATIALE DE FÉCAMP

Un des chapiteaux du chœur.

Il faut signaler aussi, adossée au mur de clôture de cette chapelle, une porte, un peu lourde d'aspect peut-être, mais très-fine comme détails.

La chapelle voisine a été complétement restaurée ; elle est fermée par une clôture en pierre refaite de nos jours et dont je ne dirai rien, n'ayant pas d'éloges à lui adresser. On voit aux voûtes une disposition de nervures avec pendentifs, la plus compliquée ; la chapelle de la Vierge de l'église Saint-Gervais à Paris pourrait en donner une idée, si, comme dans celle-ci, on n'y rencontrait aucune trace de peinture.

Les stalles du chœur ont été refaites en style du quinzième siècle ; et là chaire à prêcher, ainsi que le buffet d'orgue de l'entrée, sont de véritables monuments de menuiserie.

Voilà tout ce que j'ai vu de notable dans la ville de Dieppe. J'espérais pourtant y voir autre chose. Les ivoires de Dieppe sont assez connus pour que j'aie éprouvé le désir de voir quel était leur mérite artistique. Pas une rue de la ville qui n'ait son marchand. Mais on a beau regarder, on n'aperçoit rien dans toutes ces productions qui montre la moindre étincelle d'art et de goût. C'est très-habilement exécuté, et l'ivoire est fouillé le plus souvent avec une dextérité prodigieuse, mais c'est banal, pauvre de goût et d'invention, et bien loin, en un mot, de ces dyptiques du quatorzième siècle, spirituels, fins, habilement composés, que nous voyons parfois dans les musées ou collections particulières.

ARQUES. — On ne va guère à Dieppe sans aller visiter les ruines du château

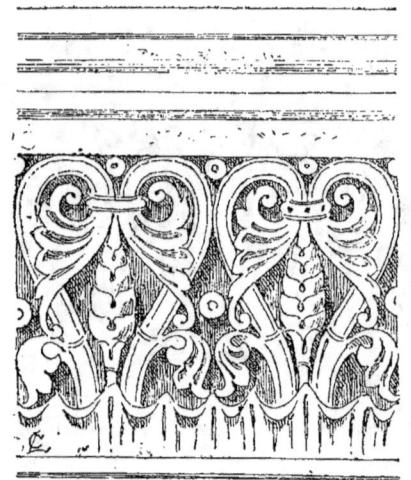

ÉGLISE ABBATIALE DE FÉCAMP

Chapiteau des bas-côtés. — XII<sup>e</sup> siècle.

d'Arques. C'est un but de promenade pour les baigneurs, et j'ai fait comme tout le monde. Ces ruines m'ont paru avoir un médiocre intérêt; j'avais encore, il est vrai, le souvenir du château Gaillard, cette reine des forteresses du moyen âge, et ce souvenir provoque au manque d'indulgence. Le plus beau titre de ces ruines est de rappeler le combat livré par Henri IV en 1589.

La construction, mélange de briques et de silex, s'élève au sommet d'une colline. Un fossé règne encore autour. Aux fenêtres d'une des tours d'angle, on aperçoit des persiennes, et j'ai failli m'en retourner à cette vue, tant j'étais désillusionné. Sous un passage voûté, on remarque une pierre tombale avec l'inscription suivante : *A la mémoire de feu messire Alexandre de Rasseut, chevalier, seigneur viscomte d'Archeiles, gouverneur du château d'Arques.*

Un bas-relief moderne en pierre, et fixé au-dessus de l'entrée, représente

Henri IV vainqueur au château d'Arques. Il est signé : Goyard — 1845. Deux renommées accompagnent le monarque et lui tendent, l'une des lauriers, l'autre la couronne de France. Le Béarnais seul mérite quelques éloges.

L'église du village date du quinzième siècle. L'abside est remarquable par des gargouilles sculptées d'un faire excellent. Mais le reste de la sculpture est généralement maigre et d'un dessin qui laisse beaucoup à désirer.

On voit à l'intérieur un joli jubé de la Renaissance, formé de trois arcades portées par de gracieuses colonnes. Un escalier de même style conduit à la plateforme du jubé. La nef est voûtée par un lambris sculpté.

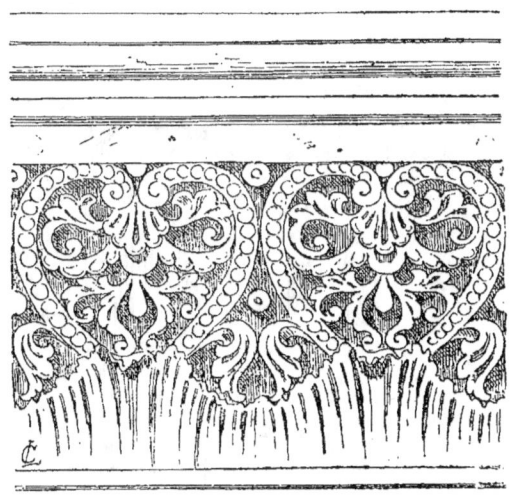

ÉGLISE ABBATIALE DE FÉCAMP

Chapiteau des bas-côtés. — XIIᵉ siècle.

FÉCAMP. — J'avais hâte d'arriver à Fécamp, non pour errer sur la plage et contempler les belles falaises qui se dressent à pic sur la mer; moins encore, à coup sûr, pour assister aux exercices d'une troupe américaine, délices des baigneurs et des gens de Fécamp; mais pour ne plus voir de quinzième siècle, et me reposer les yeux sur un des plus beaux et des plus graves monuments de la Normandie, je veux parler de l'ancienne église abbatiale des Bénédictines élevée presque en entier pendant ce treizième siècle, qui nous a légué tant de chefs-d'œuvre.

La façade principale de l'église abbatiale a été refaite en entier sous Louis XIII, cela ne veut pas dire qu'elle soit parfaite, il s'en faut, et je dois même m'empresser d'ajouter que l'on n'y rencontre rien de ce qui caractérise le style de cette époque. C'est du Louis XIII plat, médiocre en tous points et provincial s'il en

— 62 —

fut. C'est la seule chose, au reste, qui soit à critiquer dans ce vaste édifice, et j'ai voulu m'en débarrasser de suite.

La façade latérale de droite date de la fin du douzième siècle; on y remarque d'énormes contreforts formant avant-corps, et au sommet desquels sont ajustés des arcs portés par des colonnes adossées au mur. Le portail a été refait et n'offre qu'un intérêt secondaire, mais il n'en est pas de même du porche qui le précède. Celui-ci appartient en entier au douzième siècle; une belle arcature en décore la base.

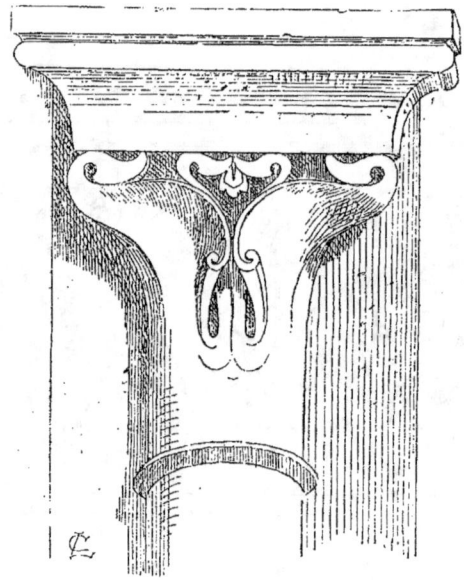

ÉGLISE ABBATIALE DE FÉCAMP

Chapiteau des bas-côtés. — XIIᵉ siècle.

La façade latérale gauche étant en grande partie cachée par les bâtiments de l'hôtel de ville, je n'en dirai rien, sinon qu'il est regrettable de voir un chef-d'œuvre d'architecture obstrué de cette façon.

L'intérieur est grandiose et imposant. C'est calme, sévère, d'une simplicité raisonnée et voulue, et l'on est sérieusement ému lorsqu'on pénètre dans ce magnifique vaisseau, aussi vaste que Notre-Dame de Paris. Les piliers sont formés d'un faisceau de colonnes parmi lesquelles trois des plus grosses s'élancent jusqu'aux voûtes. Un triforium gigantesque, et d'un aspect puissant, parcourt en entier la nef.

Les chapelles renferment toutes un mobilier remarquable; dans l'une d'elles, à droite et à gauche, on voit deux tombeaux d'évêques, du quatorzième siècle, pouvant passer pour des chefs-d'œuvre.

J'aurais bien d'autres choses à vous écrire, Monsieur, au sujet de la magnifique basilique de Fécamp, mais je m'aperçois que si je voulais le faire avec un certain développement, ou seulement comme j'ai fait pour les édifices qui précèdent, il faudrait y consacrer beaucoup de pages, et puisqu'on m'a fait l'honneur d'imprimer

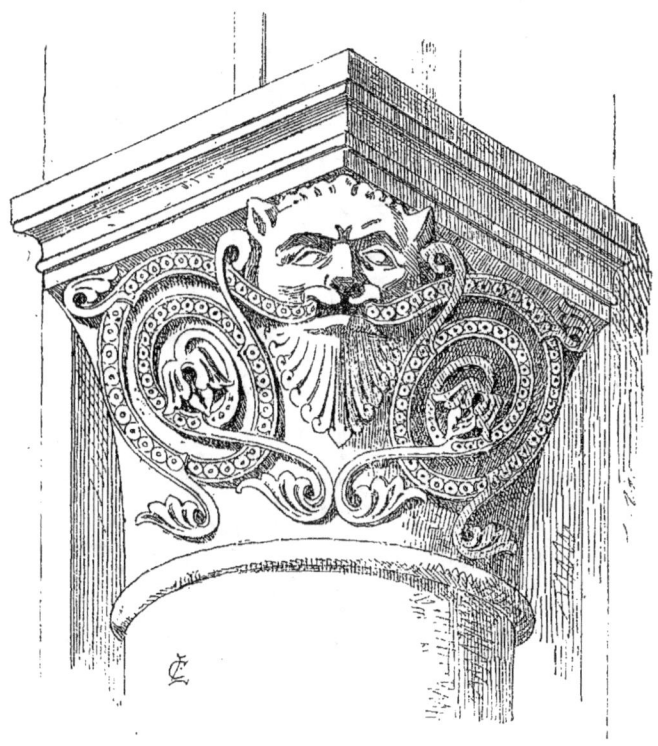

ÉGLISE ABBATIALE DE FÉCAMP

Un des chapiteaux du chœur. — XIIᵉ siècle.

ma première lettre dans le bulletin de l'*Union centrale*, et qu'on veut bien imprimer aussi les suivantes, je dois prendre soin d'abréger le plus possible.

J'ai fait plusieurs dessins dans l'église de Fécamp et chez un collectionneur distingué de la ville, M. Legrand, qui possède, indépendamment d'une très-remarquable collection d'objets d'art, une chose unique au monde : les débris à peu près complets de l'ancien jubé de l'église abbatiale, détruit en quatre-vingt-treize. Ce monument, datant en entier du quatorzième siècle, est un des rares exemples de jubés de cette époque. M. L. Sauvageot, architecte de la ville de Rouen et des

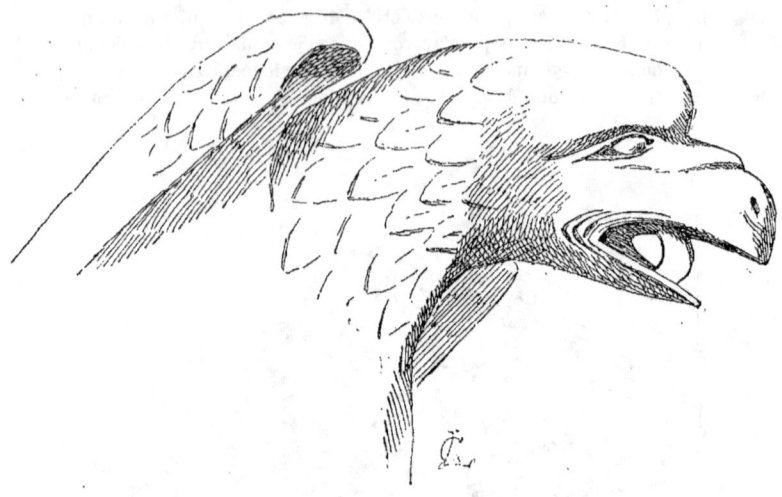

ÉGLISE ABBATIALE DE FÉCAMP
Tête de l'aigle formant pupitre à l'ancien jubé. — XIVᵉ siècle.

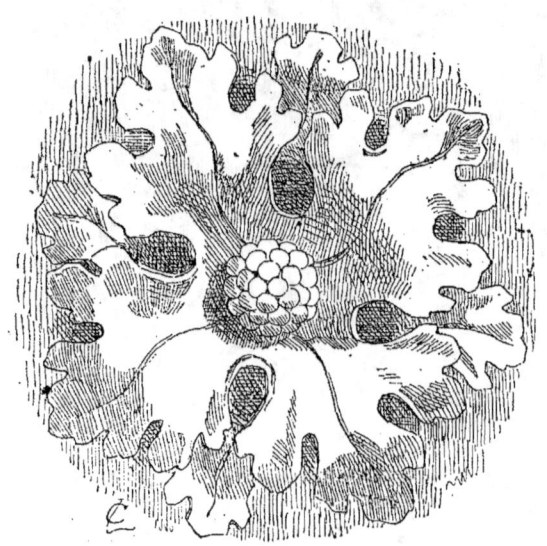

ÉGLISE ABBATIALE DE FÉCAMP
Rosace au plafond de l'ancien jubé. — XIVᵉ siècle.

monuments historiques, en faisait, avec mille difficultés par exemple, un relevé minutieux, en même temps que j'en dessinais des fragments sculptés. Grâce à une persévérance sans seconde, cet habile architecte est arrivé à restituer sur le papier cette œuvre du moyen âge que l'on pourrait maintenant réédifier si on le voulait, avec la certitude d'être en tous points conforme à la vérité.

J'ai quitté Fécamp avec regret. Je m'étais habitué à parcourir à chaque instant sa vaste église, à gravir les falaises escarpées, à fouler aux pieds les galets

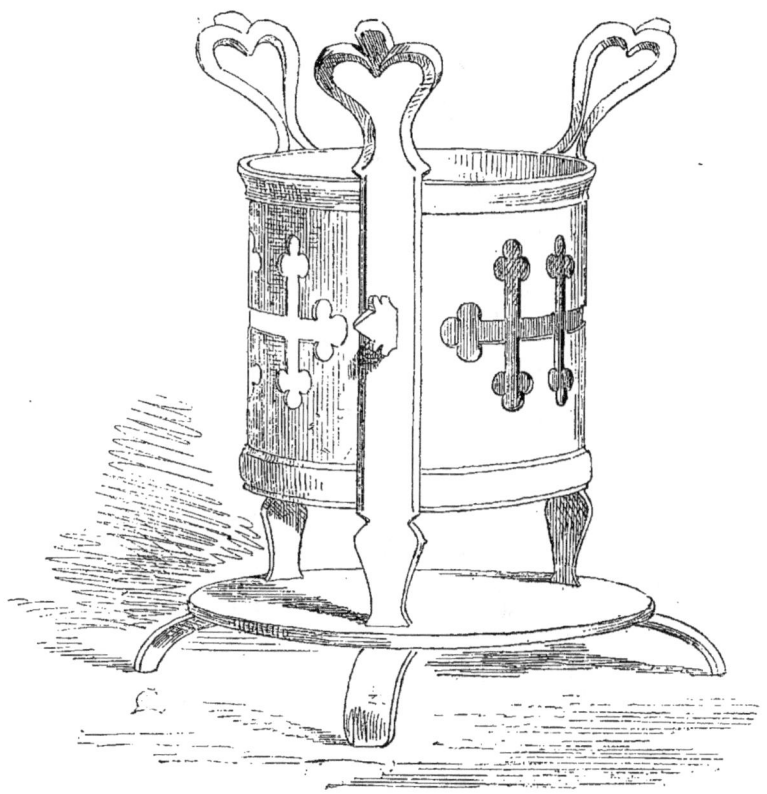

Réchaud en fer de la collection de M. Legrand. — (Moitié de l'exécution.)

arrondis et écouter le mugissement de la mer, cette plaine liquide mille fois plus imposante encore que les plus belles cathédrales. Il faut dire adieu à toutes ces admirables choses, à l'œuvre des hommes et à l'œuvre de Dieu, mais j'ai fait vœu de revenir chaque fois qu'il se pourrait me retremper au spectacle grandiose d'une des plus belles œuvres d'architecture qui soient sorties de la main des hommes. Un artiste ne peut que grandir et se perfectionner à son contact, à son ombre.

Vous m'aviez fait dire, Monsieur, que l'on avait conservé au trésor de la cathédrale de Mantes de belles et précieuses tapisseries anciennes, et qu'il serait à désirer que je pusse les examiner. J'avais pris bonne note de votre précieuse recommandation, et, après m'être reposé pendant quelque temps dans mon pays natal, j'ai voulu, au retour, m'arrêter de nouveau à Mantes afin d'étudier les tapis-

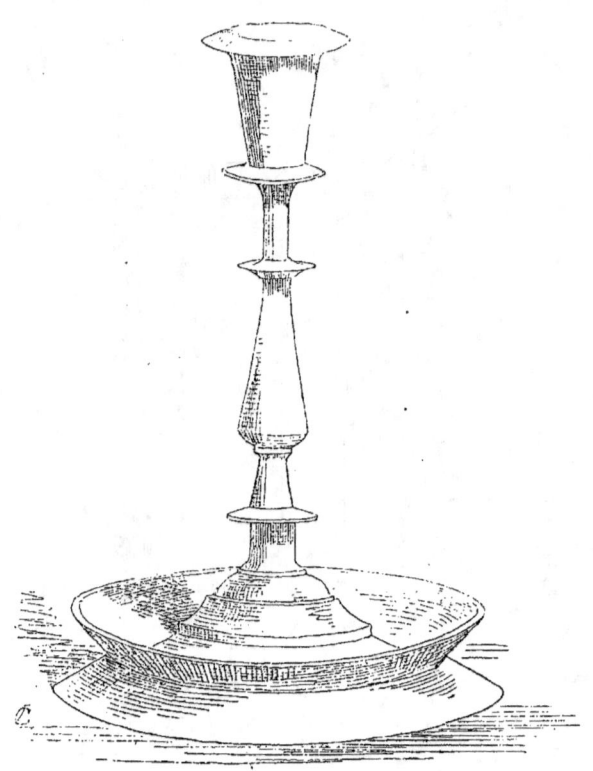

Chandelier en bronze du quinzième siècle. — Collection de M. Legrand.

séries signalées par vous. Hélas ! ces tentures ne sont pas à Mantes, mais à Vernon où je me réserve de descendre la première fois que je traverserai la ville ; plus que jamais, j'ai le désir de voir ces œuvres fabriquées aux Gobelins sous Louis XIV, et très-remarquables, m'a-t-on affirmé.

Je viens enfin de rentrer à Paris, Monsieur, je viens de reprendre l'ébauchoir et mes habitudes de chaque jour; mais soyez certain que je garderai un éternel souvenir du voyage artistique, fait sous les auspices de l'*Union centrale des Beaux Arts appliqués à l'industrie*. Indépendamment du bonheur que j'ai éprouvé à voir en toute liberté, comme je disais au commencement de ces lettres, des édifices remarquables à tous les points de vue, j'ai rapporté de ce voyage plus que de la

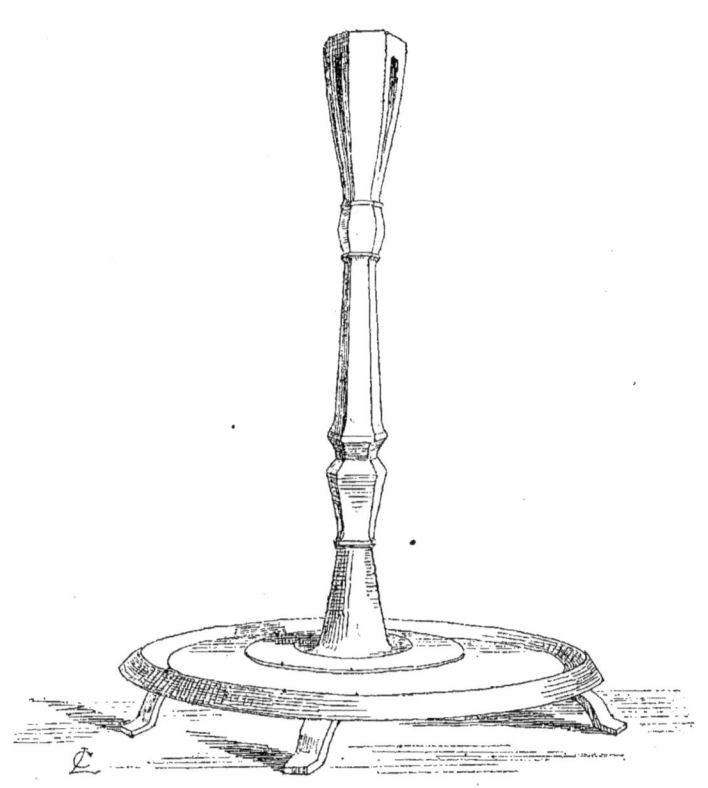

Chandelier en bronze du quinzième siècle. — Collection de M. Legrand.

satisfaction et des souvenirs, autre chose que des dessins et des notes, j'ai rapporté une forte dose de confiance et de sécurité. J'ai appris à aimer plus que jamais ma profession, en voyant le rôle important de la sculpture décorative dans le passé et dans le présent de notre art national. J'aurai appris aussi, Monsieur, et cela sans efforts, croyez-le bien, à être reconnaissant envers l'*Union*, cette Société basée sur le désintéressement, le dévouement, l'amour de l'art, et qui fonde des prix pour que les jeunes artistes aient la faculté de voyager, d'observer, de se perfectionner dans leurs professions respectives.

Monsieur, je termine cette dernière lettre en vous demandant de vouloir bien vous faire mon interprète auprès de vos collègues, et leur dire combien je suis heureux du voyage que je viens d'effectuer, combien ma reconnaissance est grande.

Veuillez agréer, etc.

LÉON CHÉDEVILLE,
*Sculpteur, grand prix de l'*Union centrale.